岳麓書社

读名著　选岳麓

古典名著普及文库

商君书

王霞 导读 注译

岳麓书社·长沙

我们希望有更多的人能够买得起、读得懂中国的古典名著，接受中华优秀传统文化的滋养。这一套轻松好读又严谨可靠的普及文库，便是我们努力实践这一理念的结果。

出版说明

中国古典名著是中华优秀传统文化的重要载体，今天人们要学习传统文化，如果说有所谓捷径可寻，那恐怕就是直接阅读古典名著了。长期以来，为大众读者出版古典名著的普及读物一直是本社的重要使命。约三十年前，我们便出版了“古典名著普及文库”，收书五十余种，七十余册，蔚为大观。这套书命名为“普及”，首先是因为采用了简体字横排的排版方式。当时的古典名著图书，以未经整理的影印本和繁体竖排本居多，大众读者阅读有障碍，故本文库的推出，确有普及之效。其次，我们提出要让读者“以最少的钱买最好的书”，定价远低于当时同类型品种。基于此，这套“普及文库”迅速流向读者的书架，销量极大，功在普及不浅。

当年这套书，所收各书都是文言文全本，无注释，不翻译，对于今天的大众读者来说，已经很难起到普及作用了。而且，读者如果仅仅出于品鉴、入门的需要，也无须通读大部头的全本古籍。因而，我们推出这套全新的“古典名著普及文库”，在选目上广泛听取国内名校学者们的建议，收录经、史、子、集四部之中第一流的名著一百余种，邀请学有专攻的学者精心注释、翻译，并加以导读。篇幅大的经典，精选菁华，篇幅适中的出版全本，个别篇幅小的，则将主题相近的品种合刊为一册。

前言

商鞅，姓公孙，名鞅，生于战国中期，生年不详，卒于公元前338年。他本是卫国人，所以又称为卫鞅，后来效力于秦孝公，因为功绩卓越，赐封於、商十五邑，号为商君，被称为商鞅。

商鞅乃法家代表人物。法家在先秦诸子百家中是显学之一。而法家之所以显要，则在于它在政治上所独有的贡献，即关于君权、法制等主张不仅顺应了历史发展的趋势，在制度层面上解决了社会日趋复杂化的管理问题，而且在操作层面上也极具实际效力，凡是实行变法的诸侯国其国力都得以增强，如任用李悝的魏国，起用吴起的楚国，任用申不害的韩国。秦国更因为商鞅变法，自秦孝公时国势一变，与东方六大诸侯国并驾齐驱，势力不容小觑。即使商鞅惨遭车裂之刑，秦国在沿用商鞅所建立的政策措施后，最终国富民强，逐鹿中原，统一天下，建立了自周朝八百年之后第一个具有里程碑意义的集权王朝。秦朝作为第一个大一统的集权王朝，不仅完全秉承和实践了以商鞅为代表的法家思想，而且它由此所建立的政治制度也深深影响了后世几千年的集权王朝。

虽然商鞅不得善终，思想颇受争议，但他对秦国及后世的政治格局所产生的重大影响却不容抹杀，必须予以正视。正因为如此，梁启超先生将他列为中国六大政治家之一。

商鞅是极有才华的。作为卫国王族的一名庶子，他年纪尚轻时投靠魏国宰相公孙痤为家臣，颇受重视，在公孙痤将要病故时被举荐给魏惠王为相，可惜未被任用。后来他前往秦国，面见求贤心切的秦孝公时，先是陈述帝道，接着是王道，再霸道，最后是强国之术，终于以强国之术打动秦孝公，得以被用。他劝秦孝公变法时曾说“治世不一道，便国不法古”，可知他对天下古今发展大势知之甚深，有自己的一番见地。后来，商鞅更是在毫无根基的情况之下，凭借自己的能力，官拜左庶长，又为大良造，破魏国，得封城邑，秦国国力更是大增，一跃成为“战国七雄”之一。

商鞅究竟是如何做到使秦国在短短十几年内国力大增的呢？司马迁在《史记·商君列传》中记载商鞅变法的主要举措有以下几项：一是推行地方自治，百姓相互监督，实行连坐法；二是严禁大家族聚居，推行分家劳作，禁止内斗；三是制定军功爵位制，赏军功者，罚私斗者；四是奖励农耕、纺织，大力惩罚工商业从业者；五是废除贵族世袭，宗室以军功论赏；六是实行县制，令都、乡、邑聚集为县，设置令、丞等官职；七是实行新田制，开阡陌，明疆界；八是于咸阳建立新都，营建宫廷；九是统一度量衡，平斗斛，衡量丈尺；十是实行严刑峻法。刘歆在《新序》中说商鞅之谋能使秦孝公称霸战国，六世后得以兼并诸侯，关键在于两点，一是使百姓努力从事农耕和作战，二是以法律治理国家。如果将司马迁所说的商鞅十大变法举措再总结归纳一下，其实大致也就是两个，即刘歆所言的农战和法制。法制是落实农战最有力的保障，是君主统治国家和民众最有效的手段和工具；而农战则是国家富强、军队强大、称霸天下的基础。

但是，在商鞅的思想中，只有强国之术，没有强国之道。为什么这么说呢？其一，如同钱穆先生所说，商鞅实行新田制、重兵事等种种举措皆是学用李克、吴起的，而非独创；其二，无论是从商鞅的事迹还是《商君书》来看，都未能窥见商鞅构建一个理论体系来论述、阐发他的种种具体主张和策略的核心概念。他最为重视的法制也不过是君主手中的利器，是一种治国的手段，种种具体措施虽然使秦国快速强大起来，却因为只是“术”而非“道”，其中没有能够凝聚整个民族、国家的信念、灵魂，自然也难以做到真正的天下大同，即疆土一统，民心归一。换句话说，虽然秦孝公在商鞅变法之后称霸中原，历六世统一天下，然而秦朝统治不过十几年便二世而亡，归根结底，就是因为天下民心涣散，未曾凝聚。然而，能凝聚人心的文化却被秦国统治者所不齿。

不得不说，秦国的本土文化很薄弱，这与秦国的起源和地理环境有着莫大的关系。最早秦地被周孝王分封，位于周王朝的西部边陲，是一片莽莽荒原，间有戎狄出没，秦人通过与戎狄的长期不懈斗争，才获得立身之所。后来秦国第一位被封为诸侯的秦襄公，赏赐的封地是岐山以西，这里依然是戎狄的地盘，直到秦始皇之时，国家依然受到戎狄的侵扰，与戎狄的对抗斗争一直未曾停止。也就是说，从秦国建立开始，它就一直处于一种既与戎狄相对抗，又深受其影响的状态之中，加之秦国位处西土，远离中原，因此中原文化对其影响不深。直到秦献公之时，秦国仍被其他各国视为夷狄，不愿与之一起举行会盟。有学者研究概括秦文化的特征为集权主义、拿来主义和功利主义。集权主义，是指统治权力的高度集中，这是因为秦人长期处于军事状态。拿来主义，表现在秦人对戎狄文化和周文化的吸收和运用，以及对其他国家人才的吸收和采用。所谓功利主义，指秦国人不关注与自身利益无关的事情，毫不掩饰对功利的追求，不考虑仁义道德。

显然，商鞅变法在秦国能取得成功，其中变法所推行的政策措施的精神实质与秦国文化传统相一致是一个重要原因。对于这一点，我们可从《商君书》的内容来分析。

研读《商君书》，能深刻感受到秦文化的两个特征，即集权主义和功利主义。就集权主义来说，首先体现为君主必须牢牢掌控权力；其次是把壮大军事力量、加强军事装备放在治国的重要位置，力主以武力吞并他国。在《画策》《君臣》和《禁使》等篇中，都阐述了君主应牢牢掌控一切权势和力量才能治理好国家的主张，尤其在《禁使》中，更是直言法制乃是君主治国的必要手段和工具，君主本身是至高的、权威的存在。《农战》《战法》《立本》《兵守》《境内》《外内》等篇中都反复阐发加强军事力量对国家存亡的意义，并详细论述了加强军事武装的途径和方法以及如何作战的具体措施等。这些观点和举措，毫无疑问，会使一个国家成为军事实力强大、君权至上的集权国家。

再看功利主义特征，充分反映在书中所一再强调的法制和农战的政治观点和政策上。商鞅所说的法制并不是我们现代意义上的以法律为治国原则、保障人民权益的观念，而是仅仅将法制作为一种手段来维护和保障君主的权益，达到政令能够顺利落实、百姓顺从而不反抗的目的。一方面，商鞅看到了法制能够维护社会秩序、落实国家政令、维护君主权威的重要作用，指出治国的一个基本方略就是制定法律制度，且一定要贯彻落实下去，只有这样，国家的农战政策才能顺利实施，才能达到国富兵强的目标；但另一方面，法制在他那里只是一种工具和手段，这种工具是君主治国治民的三大利器之一，信用和权力是另外两大利器，以法制治理民众，不是要使民众变得强大，恰恰相反，是要使民众贫弱，没有能力反抗国家的政令，只能被迫接受国家的政策法令，比如农耕和作战。总之，在商鞅看来，法制是一种达到政治利益最大化最为便捷、有用的方法、手段。商鞅使秦国变得日益强大的另一个有效的政策就是使民众从事农耕和作战。书中反复阐述商鞅的农战思想及具体措施。使民众从事农耕，而反对他们从事商业和手工业的根本原因，是要增加粮食产量，保障国家的军事需要，为对外扩张、吞并他国做好充分的物资准备；而使民众作战并给予高官厚禄的根本原因，则是加强军事力量，在保护本国的同时，更重要的是对外扩张、统一诸国。毫无疑问，要使战争获得胜利，物资和兵力是两个关键因素，然而在生产力低下的战国时期，使作战物资和兵力短期发展起来的最有效的方法就是集中人力耕种和鼓励民众参军。这样的主张和举措本身并没有问题，问题在于，商鞅只考虑了国家利益，却并没有考虑民众的情感和生理需求。他认为人的本性是趋利避害、好逸恶劳的，只有使人厌恶的刑罚才能使人们正常生活劳作，所谓的仁义道德，只会使国家混乱。因此，商鞅只是将民众看作供君主驱使的工具而已，他们不能有个人的情感道德和利益需求。所以在《垦令》篇中他主张以加重商人税收、废除私立旅馆、禁止人们迁徙及与外国人接触等措施来迫使民众从事农业生产。

《商君书》在《汉书·艺文志》中著录为二十九篇，南宋晁公武在《郡斋读书志》中著录该书只剩二十六篇，后来陈振孙在《直斋书录解题》中说该书仅存二十五篇。清代严万里得到的元刊本共二十六篇，其中两篇有篇目无内容，实际为二十四篇。如今我们可见的就是这二十四篇的版本。

《商君书》冠以商鞅之名，究竟是否为商鞅所作，学界多有争议。有人认为其中有商鞅所作篇章，但大多为商鞅后学所作；也有人认为全是商鞅后学所作。不管是哪一种看法，有一点是共同的，即都认为此书颇能反映商鞅本人的变法治国思想。该书虽然只有短短的二十四篇，但内容丰富，涉及政治、军事、经济等多个方面，其中观点瑜瑕互见，对于当今的文化建设仍有诸多可供借鉴、警戒之处。在此就不一一赘述，待读者自己去一探究竟，仔细体会。最后需要说明的是，本书是在借鉴前贤和今人成果的基础上完成的，但因本人水平有限，若有不当之处，还望大家体谅、指正，本人不胜感激！

王霞

凡 例

一、本书以严万里校本为底本，参校蒋礼鸿《商君书锥指》，全文有个别字词删改，这些改动在注释中有所说明。文本段落、句读主要依照蒋礼鸿《商君书锥指》，不过因为对文本理解的不同，所以段落和句读也有不少与蒋礼鸿本不同的地方。

二、为了合乎现代汉语的要求，使语句更为通顺、易懂，我们在翻译中用“( )”表示需要补足的文字。

三、本书是普及读物，主要面向爱好古典名著的读者，所以注释没有采用繁琐的考订方法，而是力求以简洁的语言作准确的解释说明，并采用直译的方式翻译文本。

凡例

[illegible]

[illegible]

[illegible]

[illegible]

目 录

更法第一

导读

《更法》为《商君书》第一篇，颇有深意。第一，众所周知，先有变法的政治主张和决心，才能实施具体的变法举措，所以变法思想的确立乃是实施变法的前提和理论根据。书中其他篇章均是以此为依据，从而具体阐发政治、农业、军事方面的问题，提出观点和举措。第二，"更法"的核心观念是"变"，即因时制宜，只考虑功利，不顾及政治操守、道德价值等。这一依"变"而谋的政治观点和功利主义思想，不仅表现在本篇中，同样贯穿本书始终。所以，此篇乃是全书的总纲。就本篇而言，文章开篇就点明主旨，即世事变迁，国家和社会出现新的问题，要寻求解决问题的新的方法途径。解决问题的途径是变，还是守？围绕这个问题，主张变法的商鞅与不主张变法的甘龙、杜挚展开了论辩，最终商鞅胜出，使秦孝公决意变法。

原文

孝公平画[1]，公孙鞅、甘龙、杜挚三大夫御[2]于君，虑世事之变，讨正[3]法之本，求使[4]民之道。君曰："代[5]立不忘社稷[6]，君之道也。错法务明主长[7]，臣之行[8]也。今吾欲变化以治，更礼以教百姓，恐天下之议我也。"

译文

秦孝公谋划治国方略，公孙鞅、甘龙和杜挚三位大夫在旁侍奉，他们考虑时事的变化，研究治理、法度的根本，寻求役使人民的方法。秦孝公说："接替王位，不忘社稷，乃为君主之道。设立法度，致力于光明之事，尊重长官，这是大臣之行。如今，我打算通过变革来治理国家，改变礼制来教导百姓，但是我担心天下百姓非议我啊！"

注释

1 **画**:筹划,谋划。

2 **御**:侍奉。

3 **正**:治理,纠正。

4 **使**:支配,役使。

5 **代**:接替。

6 **社稷**:社,古代指土地神,亦指祭祀土地神的场所。稷,古代指谷神。土地神和谷神是以农为本的古代社会最重要的原始崇拜物。古代国君必立社稷,国家灭亡,社稷就被拆毁,所以古语常用"社稷"二字代表国家。

7 **错法务明主长**:此句有两种句读方式,一是"错法、务明、主长";二是"错法务、明主长"。本文取第一种句读。错,通"措",设置。长,首领,长官。

8 **行**:道。

原文

公孙鞅曰:"臣闻之,疑行无成,疑事无功。君亟[1]定变法之虑,殆[2]无顾天下之议之也。且夫有高人之行者,固见负[3]于世;有独知之虑者,必见骜[4]于民。语曰:'愚者暗于成事,智者见于未萌。民不可与虑始,而可与乐成。'郭偃[5]之法[6]曰:'论至德者不和于俗,成

译文

公孙鞅说:"我所听说的是:犹豫不决的行动无法成功,犹疑不定的事情无法完成。君王您应尽快确定变法的决心,不要有疑虑,不能顾虑天下人的非议。要知道,高于常人的行为必然被世人非议,独具智慧的谋略必然被民众嘲笑。俗语说:'愚昧的人在事情完成之后依然看不明白,聪明的人在事情尚未萌芽之时就已经观察到了。事情开始之时,不可以与百姓谋划,只能在事情完成之后,与百姓共同庆祝。'郭偃有句应遵守的名言:'推行至高道德的人不与世俗附和,建立丰功伟绩的人不与众人商量。'所谓法,

大功者不谋于众。’法者，所以爱民[7]也；礼者，所以便事也。是以圣人苟可以强国，不法其故；苟可以利民，不循于礼。”孝公曰：“善！”

是爱民的利器；所谓礼，是方便行事的工具。所以，圣人如果要使国家强大，就不能沿用旧法；要使百姓得到好处，就不能遵循旧的礼制。”秦孝公说：“好！”

注释

1 **亟：**急。

2 **殆：**犹“必”。

3 **负：**据诸家说应作“非”。意为批评，讥讽。

4 **骜(áo)：**嘲笑的意思。

5 **郭偃：**即卜偃。春秋时人，辅佐晋文公变法。据《国语·晋语三》《国语·晋语四》《韩非子·南面》等所记，郭偃是一个富有远见的政治家。

6 **法：**意为言论可以作为法则来遵守。

7 **爱民：**此处所言“爱民”，并非平常所言的爱护百姓，而是要建立人们所憎恶的酷法，以此来治理人民。

原文

甘龙曰：“不然。臣闻之：圣人不易民[1]而教，知者不变法而治。因民而教者，不劳而功成；据法而治者，吏习而民安。今若变法，不循秦国之故，更礼以教民，臣恐天下之议君。愿孰[2]察之。”

译文

甘龙说：“不对。我所听说的是：圣人不改变百姓的礼俗来实施教导，智者不变革法度来治理国家。顺应原有的礼俗来教导百姓，不费辛劳就能成功；依据原有的法度来治理国家，官吏熟悉且百姓安宁。当今如果变法，不遵循秦国过去的法度，并且更改礼制来教导百姓，我担心天下的人会非议君王。希望您仔细考虑一下。”

注释

1 **易民**:改变百姓。

2 **熟**:仔细、周详的意思。

原文

公孙鞅曰:"子之所言,世俗之言也。夫常人安于故习,学者溺于所闻。此两者,所以居官而守法,非所与论于法之外也。三代不同礼而王,五霸不同法而霸。故知者作法,而愚者制焉[1];贤者更礼,而不肖[2]者拘焉[3]。拘礼之人,不足与言事;制法之人,不足与论变。君无疑矣。"

译文

公孙鞅说:"您所说的,乃是世俗人的言论。普通人安于守旧的习惯,学者沉溺于自己的见闻。这两种人,可以当官并遵守法度,却不能与他们讨论法度之外的事情。夏、商、周三代礼制不同,却都统一了天下;春秋时的五霸法制不同,却都成为天下霸主。所以说,智者制定法度,而愚者执持旧法;贤者变更礼制,而不贤者固执于礼,不知变通。固执礼而不知变通的人,不值得与他们商讨大事;执着于旧法而不知变更的人,不值得与他们探讨变法。君王请不要怀疑。"

注释

1 **制焉**:谓受制于故法而不敢有所变更。

2 **不肖**(xiào):不贤。

3 **拘焉**:谓拘束于旧礼而不敢有所变更。

原文

杜挚曰:"臣闻之:利不百,不变法;功不十,不易器。臣闻法古无过,循礼无邪[1]。君其

译文

杜挚说:"我所听说的是:没有百倍的利益,就不要变法;没有十倍的功效,就不要变更器具。我听说效法过去的法制就不会有过错,遵循以前的礼制就没有奸邪。君主请

图[2]之。”

好好考虑。”

注释

1 **邪**:奸邪不正。

2 **图**:考虑,谋划。

原文

公孙鞅曰:“前世不同教,何古之法?帝王不相复[1],何礼之循?伏羲、神农教而不诛,黄帝、尧、舜诛而不怒[2]。及至文、武,各当时而立法,因事而制礼;礼法以时而定,制令各顺其宜[3],兵甲器备各便[4]其用。臣故曰:‘治世不一道,便国不必法古。’汤、武之王也,不修[5]古而兴;殷、夏之灭也,不易礼而亡。然则反古者未必可非,循礼者未足多[6]是也。君无疑矣。”

译文

公孙鞅说:“前世的政教各不相同,我们效法哪一个?以前的帝王不相因袭,我们遵循谁的礼制?伏羲、神农教化百姓而不诛杀,黄帝、尧、舜诛杀罪人而不连坐妻儿。后来的周文王、周武王,针对各自的时势建立法度,依据具体的事情制定礼制。礼、法根据时势而制定,制度、命令顺应事宜,兵器、铠甲、器具、装备各自都要因时、因地适宜使用。所以我说:‘治理社会的方法是不同的,为国家谋利益不必效法古代。’商汤王、周武王之所以能称王,正是因为他们不拘守于古法;殷纣、夏桀之所以灭亡,正是因为他们不改变礼制。所以,违背古法的人未必就该被批评,遵循旧礼的人未必就值得赞许。君主您不要有疑惑了。”

注释

1 **复**:行故道。

2 **怒**:当读为“孥(nú)”。指妻子和儿女。

3 **宜**:事宜。

4 **便**:适宜。

5 **修:**应作“循”,意为根据、依据。

6 **多:**夸耀,赞许。

原文

孝公曰:“善!吾闻穷巷多吝[1],曲学[2]多辨。愚者笑之,智者哀焉;狂夫之乐,贤者丧焉。拘世以议,寡人不之疑矣。”于是遂出《垦草令》[3]。

译文

秦孝公说:“好!我听说陋巷的人大多贪鄙,不能远谋;认识片面的学者经常争辩,不能决疑。愚昧的人欢欣的事,有智慧的人为此哀伤;狂妄的人欢乐的事,贤能的人为此悲伤。我不再为那些拘泥于世俗的议论而犹豫不决了。”于是,秦孝公颁布了开垦荒地的命令,即《垦草令》。

注释

1 **吝:**吝啬,贪鄙。

2 **曲学:**囿于一隅的学者。

3 **《垦草令》:**秦孝公颁布的法令,内容是鼓励农民开垦荒地。草,未开垦过的荒地。

垦令第二

导读

商鞅变法的两大主题,即重农耕、强兵战。本篇内容非常鲜明地表明了商鞅对农耕的重视,但是本篇不是从思想理论高度来阐述发展农业的重要性,而是从二十条具体措施方面说明如何驱使农民开垦荒地。篇名为《垦令》,即开垦荒地的法令。这二十条法令包含了法令的内容及对法令的论证和解释。这些法令之间没有严密的逻辑关系，涉及的内容很丰富，包括政治、经济和文化各方面。仔细研读这些法令内容，会发现这些政令不是从积极肯定的角度来说明加强农业耕作、开垦荒地的作用和意义，而是对社会生活各个方面加以限制，迫使人民去从事农业生产，如加重商人税收、废除私有旅馆、禁止人们迁徙及与外国人接触等。本篇行文是政法文件的行文腔调，即使不是商鞅的作品，也是在商鞅的基础上修改而成。总之，通过这二十条法令，我们可以看到商鞅以政治强制手段要求人民开垦荒地，增加粮食产量，其目的是为了保障国家的需求，但也从根本上否定了人民的生活需求。

原文

无[1]宿[2]治，则邪官[3]不及为[4]私利于民，而百官之情[5]不相稽[6]。则农有余日[7]。邪官不及为私利于民，则农不败[8]。农不败而有余日，则草必垦矣。

译文

不准官吏拖延政务，积压不办，那么有私心的官吏就来不及到百姓那里谋求私利，大臣之间事情就不会相互滞留、拖拉。（大臣之间事情不相互滞留、拖拉，）那么农民就会有空闲时间。有私心的官吏来不及到百姓那里谋求私利，那么农民就不会受到盘剥。农民不会受到盘剥且有空闲时间，那么荒地就必然能得到开垦了。

注释

1 **无**：通“毋”，是表示禁止的命令副词。

2 **宿**：留也。即拖延积压之意。

3 **邪官**：有私心的官吏。

4 **为**：犹求也。

5 **情**：事情。

6 **稽**：留也。

7 **余日**：空闲。

8 **败**:毁坏,指农民被盘剥。

原文

訾[1]粟[2]而税[3],则上壹[4]而民平。上壹则信[5],信则臣不敢为邪。民平则慎[6]。慎则难变。上信而官不敢为邪,民慎而难变,则下不非[7]上,中不苦[8]官。下不非上,中不苦官,则壮[9]民疾[10]农不变。壮民疾农不变,则少[11]民学之不休。少民学之不休[12],则草必垦矣。

译文

根据粮食产量来征收地税,那么国君的地税制度统一了,百姓(缴纳地税)就公平了。国君的地税制度统一了,那么制度也明确了;制度明确,那么官吏就不敢作弊,谋私利。百姓(缴纳地税)公平了,就会顺从。百姓顺从就不容易改变(从事的行业)。国君的地税制度明确则官吏不敢谋私利,百姓顺从就不容易改行,那么身在下层就不会批评君主(制度),心中就不会担忧官吏(盘剥)。身在下层不批评君主(制度),心中不担忧官吏(盘剥),那么年壮的农民就会积极从事农业生产,不改行。年壮的农民积极从事农业生产,不改行,那么年轻的农民就会向他们学习,不停歇地从事农业生产。年轻的农民学习他们不断地从事农业生产,那么荒地就必然能得到开垦了。

注释

1 **訾**(zǐ):量也。即计算之意。

2 **粟**:谷类的总称。

3 **税**:指田赋。

4 **壹**:统一,一致。

5 **信**:明确。

6 **慎**:顺从。

7 **非**:批评,讥讽。

8 **苦**:担忧。

9 **壮:**壮年。

10 **疾:**急也。积极从事之意。

11 **少:**年幼,年轻。

12 **不休:**不停止。

原文

无以外权[1]爵[2]任[3]与官[4],则民不贵学问[5],又不贱农。民不贵学则愚,愚则无外交。无外交,则国勉农而不偷;民不贱农,则国安不殆。[6]国安不殆,勉农[7]而不偷[8],则草必垦矣。

译文

不以(学习巧言所展示的)外在权术给人封爵位、授予官职,那么百姓就不看重学问,也不轻视农事。百姓不看重学问就会愚昧无知,愚昧无知就不会与外国人交往。不与外国人交往,那么百姓就努力从事农业生产而且不懈怠;百姓不轻视农业生产,那么国家就安稳不危险。国家安稳不危险,农民努力务农而不偷懒,那么荒地就必然能得到开垦了。

注释

1 **外权:**外,外在。权,权术,谋略。《商君书·农战》中有两处写道:"豪杰务学《诗》《书》,随从外权。"根据此句上文"国大民众,不淫于言,则民朴壹。民朴壹,则官爵不可巧而取也。……今境内之民及处官爵者,见朝廷之可以巧言辩说取官爵也……",可知商鞅以为豪杰学《诗》《书》,乃是以巧言来获取官爵。巧言可以说是一种权术、谋略,所以此篇中的"外权"可解释为外在的权术。

2 **爵:**爵位。

3 **任:**担任。

4 **与官:**给予官职。

5 **学问:**学习研究古代典籍。

6 高亨先生《商君书注译》、张觉先生《商君书全译》和石磊先生《商君书》均根据先贤校本和说法将其改为"无外交,则国安不殆。民不贱农,则勉农而不偷”。蒋礼鸿先生在《商君书锥指》中主张此句不改也是通顺的。只是蒋先生是以删去“国”字为其前提。笔者赞同蒋先生的观点。交，接也，接触。“外交”就是和外国人交往的意思。贱，轻视。殆，危也。与其他各国都在积极争取人口不一样，秦国的征伐，往往是争取土地不争取人口。很可能是秦政府不想让人与其他国家的人多接触，以避免他们受东方思想和生活方式侵蚀，这样百姓就安于现状，努力农作且不懈怠。

7 **勉农**：努力于农业。

8 **偷**：怠惰。

原文

禄厚而税[1]多，食口[2]众者，败农者也。则[3]以其食口之数贱[4]而重使[5]之。则辟[6]淫[7]游[8]惰之民无所于食[9]。民无所于食则必农。农则草必垦矣。

译文

贵族俸禄厚，税收多，所喂养的不务农事吃闲饭的人众多，这是有损农业生产的。所以要根据不务农事吃闲饭的人口数量来收税，并且加重他们的徭役。这样那些邪僻、游散、游荡、懒惰的人就没有地方谋取食物。没有地方谋取食物，就一定会去务农。务农，那么荒地就必然能得到开垦了。

注释

1 **税**：赋税的总称。这里指贵族封邑的税收。

2 **食(sì)口**：指不务农事吃闲饭的人。食，喂养的意思。

3 **则**：犹“故”。

4 **贱**：孙诒让说：“贱当为赋之误。”赋，动词，收税的意思。

5 **使**：役使。

6 **辟(pì)**：通“僻”。邪僻，不诚实。

7 **淫**：游散。

8 **游**：游荡。

9 **于食:**指谋取食物。于,犹“为”。食,食物。

原文

使[1]商无得籴[2],农无得粜[3]。农无得粜,则窳惰[4]之农勉疾[5]。商无得籴,则多岁不加乐。[6]多岁不加乐,则饥岁无裕[7]利。无裕利则商怯[8],商怯则欲农。窳惰之农勉疾,商欲农,则草必垦矣。

译文

使商人不得卖粮,使农民不得买粮。农民不得买粮,(就只能食用自己生产的粮食,)那么懒惰的农民就会勤奋耕作。商人不得卖粮,(就无法操控粮食买卖,)那么在丰收之年就不会(靠卖粮)增加收入。丰收之年不能(靠卖粮)增加收入,饥荒之年也没有多余的利益可得。没有多余的利益可得,那么商人就会畏于(从事商业)而想去务农。懒惰的农民努力耕作,商人想务农,那么荒地就必然能得到开垦了。

注释

1 **使:**致使。

2 **籴**(dí)**:**买也。

3 **粜**(tiào)**:**卖也。

4 **窳**(yǔ)**惰:**懒惰。

5 **疾:**竭力。

6 **多岁:**丰年也。 **加乐:**加,提高、增加的意思。乐,丰足的意思。以上诸句中“籴”“粜”二字应当互换,乃为“使商无得粜,农无得籴。农无得籴,则窳惰之农勉疾。商无得粜,则多岁不加乐”。段落翻译以籴、粜互换后的句子为本。

7 **裕:**充裕,丰富。引申为多余之意。

8 **怯:**畏缩。

原文

声服[1]无通[2]于百县[3],则民行作[4]不顾[5],休居[6]不听。休居不听,则气不淫[7];行作不顾,则意必壹[8]。意壹而气不淫,则草必垦矣。

译文

淫声异服不准流行到各县去,那么百姓行走劳作的时候就看不到奇装异服,居家休息的时候就听不到靡靡之音。居家休息的时候听不到靡靡之音,那么精神就不会涣散;行走劳作的时候看不到奇装异服,那么心思必然专一。心思专一而精神不涣散,那么荒地就必然能得到开垦了。

注释

1 **声服:**指淫声异服。

2 **通:**达的意思。

3 **县:**地方行政区划名。

4 **行作:**行走劳作。

5 **顾:**看。

6 **休居:**居家休息。行作、休居互文,行作也不听,休居也不顾。

7 **淫:**精神涣散。

8 **壹:**专一。

原文

无得取[1]庸[2],则大夫家长[3]不建[4]缮[5],爱子不惰[6]食,惰民不窳,而庸民无所于食,是必农。大夫家长不建缮,则农事不伤;爱子惰民不窳,则故田[7]不荒。农事不伤,农民益农,则草必垦矣。

译文

不准雇佣佣工,那么大夫、一家之主就不能建造、修缮房屋,他们的爱子就不能不劳而食,懒惰的人也不能懒惰,佣工无处谋求食物,就必然会去务农。大夫、一家之主不建造、修缮房屋,那么农业生产就不会受到妨害;爱子、懒惰的人民不懒惰,那么旧田就不会荒芜。农业生产不被妨害,农民更加努力务农,那么荒地就必然能得到开垦了。

注释

1 **取**:借助,这里引申为雇佣的意思。

2 **庸**:通“佣”,佣工的意思。取庸,意为雇佣佣工。

3 **家长**:一家之主。

4 **建**:建筑。

5 **缮**(shàn):修缮。

6 **惰**:轻慢,懒怠。

7 **故田**:旧田。

原文

废逆旅[1],则奸伪、躁心[2]、私交[3]、疑[4]农之民不行,逆旅之民[5]无以食,即必农,农则草必垦矣。

译文

废除旅馆,那么奸邪诡诈、不安心本职、私自结交、迷惑农民的人就不能(四处)行走,开设旅馆的人就无法谋生,他们必然会务农,(这些人)务农,那么荒地就必然能得到开垦了。

注释

1 **逆旅**:指客店或旅馆。逆,迎也;旅,客也。

2 **躁心**:指不安心本职。

3 **私交**:私自交接。

4 **疑**:迷惑。

5 **逆旅之民**:指开设旅馆的人。

原文

壹山泽[1],则恶农、慢惰、倍欲[2]之民无所于食。无所于食则必农,农则草必垦矣。

译文

国家统一管理山林、川泽,那么厌恶农作、怠慢懒惰、贪欲十足的人就没有地方谋取食物。没有地方谋取食物就必然要去从事农业生产,(这些人)务农,那么荒地就必然能得到开垦了。

注释

1 **壹山泽**：壹，专有、独占之意。意思是君主独掌山泽的管理权，不许百姓任意砍柴、采矿、打猎、捕鱼等。

2 **倍欲**：犹多欲。指贪欲比别人加倍。

原文

贵酒肉之价，重其租[1]，令十倍其朴[2]。然则商贾[3]少，农不能喜[4]酣[5]奭[6]，大臣不为荒[7]饱。商贾少，则上不费粟。民不能喜酣奭，则农不慢。大臣不荒，则国事不稽[8]，主无过举[9]。上不费粟，民不慢农，则草必垦矣。

译文

提高酒肉的价格，加重对酒肉的税收，使税额是成本的十倍。那么，（卖酒肉的）商人就会减少，农民也就不能嗜酒作乐，大臣也不能过度逸乐。（卖酒肉的）商人减少了，那么国家就不会浪费粮食。农民不能嗜酒作乐，那么农业生产就不会被怠慢。大臣不能过度逸乐，那么国家政事就不会被延误，君主就没有错误的举措。国家不浪费粮食，农民不怠慢农业生产，那么荒地就必然能得到开垦了。

注释

1 **租**：税也。

2 **朴**：本也，指成本。

3 **商贾**：指商人。

4 **喜**：通"嬉"，嬉游无度之意。

5 **酣**：饮酒尽兴。这里指纵酒作乐。

6 **奭**(shì)：饮酒。

7 **荒**：逸乐过度，沉湎。

8 **稽**：延迟。

9 **举**：措施。

原文

重刑而连其罪[1]，则褊[2]急之民不斗，很[3]刚之民不讼[4]，怠惰之民不游，费资[5]之民不作[6]，巧谀[7]恶心[8]之民无变[9]也。五民者不生于境内，则草必垦矣。

译文

加重刑罚，犯罪连坐，那么气量狭小、性情急躁的人就不会打架斗殴，凶暴蛮横、强悍刚烈的人就不会争吵斗嘴，懈怠懒惰的人就不会到处游荡，浪费钱财的人就不会兴起，阿谀奉承、心怀叵测的人就不会欺诈。这五种人不产生于境内，那么荒地就必然能得到开垦了。

注释

1 **连其罪**：一人有罪，父母、兄弟、妻子连坐。古代建立什伍制度，五家为伍，十家为什，一人有罪，伍什连坐。

2 **褊**(biǎn)：心胸、气量狭小。

3 **很**：通"狠"，凶暴，不听从。

4 **讼**：争辩是非。这里引申为争吵斗嘴。

5 **费资**：浪费资财。

6 **作**：兴起。

7 **谀**(yú)：阿谀奉承。

8 **恶**(è)**心**：心怀叵测。

9 **变**：变诈。

原文

使民无得擅徙[1]，则诛愚[2]乱[3]农农[4]民无所于食而必农；愚心躁欲[5]之民壹意，则农民必静[6]。农静，诛愚，则草必垦矣。

译文

使民众不得擅自迁徙，那么愚昧无知、不安心农业生产的人就没有地方谋求食物而必然务农了；愚昧且欲望躁动的人都一心(务农)，那么农民必然静心(务农)。农民静心(务农)且愚昧，那么荒地就必然能得到开垦了。

注释

1 **擅徙:**擅,任意、擅自之意。徙,迁徙的意思。

2 **诛愚:**清末著名学者俞樾解释“诛”通“侏”,是“无所知”的意思,与“愚”意思相近。

3 **乱:**扰乱。

4 **农:**晚清著名学者孙诒让认为此“农”是“之”字之误,原句应是“则诛愚乱农之民无所于食而必农”。

5 **躁欲:**应为“欲躁”,意为欲望躁动。躁,动的意思。“愚心”则应为“心愚”。

6 **静:**平静。这里指专心务农,没有其他想法。

原文

均[1]出[2]余子[3]之使令[4],以世[5]使之,又高[6]其解舍[7],令有[8]甬官[9]食[10]概[11],不可以辟[12]役,而大官未可必得也,则余子不游[13]事人[14],则必农。农则草必垦矣。

译文

调整、颁布有关嫡长子以外的贵族子弟负担徭役的法令,根据世族、门第来役使,又提高他们免除徭役的条件,使他们从掌管徭役的官吏那里取得刮平了斗斛的不过量的粮食,不可以逃避徭役,而高官(职位)未必有把握获得,那么这些嫡长子以外的贵族子弟不能游历投靠权贵,则必然去务农。(他们)务农那么荒地就必然能得到开垦了。

注释

1 **均:**调整,调节。

2 **出:**颁布。

3 **余子:**此文言卿大夫的庶子,即嫡长子以外的儿子。

4 **使令:**服役的法令。

5 **世:**门第,出身。

6 **高:**提高。

7 **解舍**:是战国时法制上的术语,即免除兵役及徭役。

8 **有**:取。

9 **甬官**:掌管徭役的官吏。

10 **食**:粮食。

11 **概**:本指量米粟时刮平斗斛(hú)的器具,用作动词时引申指刮平,不使过量。

12 **辟**:通"避",意为躲避、逃避。

13 **游**:游历。

14 **事人**:指做高门的家臣,以求逃避徭役。

原文

国之大臣诸大夫,博闻、辩慧[1]、游居[2]之事皆无得为,无得居游于百县,则农民无所闻变[3]见方[4]。农民无所闻变见方,则知[5]农无从离其故事,而愚农不知,不好学问。愚农不知,不好学问,则务疾农。知农不离其故事[6],则草必垦矣。

译文

国家的大臣和大夫们,博学多闻、能言善辩施展智巧、外出周游而寄居他乡的事情都不准做,不准到各个郡县去居住游学,那么农民没有地方听到奇异之事、看见方术。农民没有地方听到奇异之事、看见方术,那么聪明的农民就没有办法离开(他们所从事的)旧业,而愚笨的农民就愚昧无知,不喜好学问。愚笨的农民愚昧无知,不喜好学问,那么必然竭力从事农业生产。聪明的农民不离开(他们所从事的)旧业,那么荒地就必然能得到开垦了。

注释

1 **辩慧**:指施展巧诈进行辩说。

2 **游居**:指外出周游而寄居他乡。

3 **变**:奇异的事情。

4 **方**:方术。

5 **知:**通“智”,聪明的意思。

6 **故事:**旧业。这里指农业生产。

原文

令军市[1]无有女子,而命其商令人自给甲兵,使视[2]军兴[3]。又使军市无得私输[4]粮者,则奸谋[5]无所于伏[6],盗输粮[7]者不私稽[8],轻惰之民不游军市。盗粮者无所售,送粮者不私[9],轻惰之民不游军市,则农民不淫,国粟不劳[10],则草必垦矣。

译文

命令军中的市场上不准有女子,再命令军中的市场上的商人,让他们给自己所在的部队供应好铠甲兵器,使他们时刻注意军队的战斗动员情况(,以便做好战斗物资供应)。又使军中的市场不准有私下运输粮食的人,那么奸邪的阴谋就无法潜伏,偷盗、运输粮食的人就不能自己贮藏粮食,轻浮懒惰的人就不会到军中的市场上去行走。偷盗粮食的人没有地方卖出(所盗的粮食),输送粮食的人不能将(粮食)据为己有,轻浮懒惰的人不行走于军中的市场,那么百姓就不会游散,国家的粮食就不会耗费,荒地就必然能得到开垦了。

注释

1 **军市:**军队专有的市场。

2 **视:**注视。

3 **兴:**发动,指战斗动员。

4 **输:**运输。

5 **奸谋:**指奸邪之谋。

6 **伏:**藏也,即潜伏、隐藏。

7 **盗输粮:**指偷盗和运输粮食的人。与下句“盗粮者无所售,送粮者不私”相对应。

8 **私稽:**私,指个人的、自己的。稽,指留止。

9 **不私:**即公,意为不据为己有。

10 **劳:**耗费。

原文

百县之治一形[1]，则从迁[2][不饰，代]者不敢更其制[3]，过[4]而废[5]者不能匿其举。过举[6]不匿，则官无邪人；迁者不饰[7]，代者不更，则官属[8]少而民不劳。官无邪则民不敖[9]，民不敖则业不败，官属少[则][10]征[11]不烦[12]，民不劳则农多日。农多日，征不烦，业不败，则草必垦矣。

译文

百县的政治治理都是一个形态，那么前任迁徙时就不得增饰，后任替代时不敢更改（已有的）制度，犯错会被免官的人，（人们）不能隐匿其行为。错误被举报、不被隐匿，那么当官的就没有邪恶的人；前任不增饰，后任不更改，那么从属的官员就会减少，百姓就不会烦劳。官员没有邪恶行为，那么百姓就不会远游，百姓不远游，那么农业就不会遭到损害，从属的官员少了，那么征收的赋税就不会多了，百姓不会烦劳，那么从事农业的时间就多了。从事农业的时间多，征收的赋税不多，农业不被损害，那么荒地就必然能得到开垦了。

注释

1 **形:**形式，犹如今人所说的体制。

2 **从迁:**民国王时润先生认为"从迁"二字本应为"徙迁"，被误写。后句"迁者不饰"应为"迁者不饰"。徙迁指旧令长，即今人所说的前任。

3 清代著名学者孙诒让认为此句应与后面"迁者不饰，代者不更"句相应，补充其缺漏，应为"从迁不饰，代者不敢更其制"。代者，指新令长，即今人所说的后任。

4 **过:**犯错。

5 **废:**指免官。

6 **举:**举报。

7 **饰:**增饰，美化。

8 **官属:**属吏,从属的官员。

9 **敖:**同"遨",意为遨游以避邪官。

10 清代著名学者俞樾认为这里应补上"则"字,才与通篇文法一致。

11 **征:**征收赋税。

12 **烦:**频繁,多。

原文

重关市[1]之赋,则农恶商[2],商有疑[3]惰之心。农恶商,商疑惰,则草必垦矣。

译文

加重交通要道的市集的赋税,那么农民就讨厌经商,商人就会产生迟疑不决、懒惰的心思。农民讨厌经商,商人迟疑不决、懒惰,那么荒地就必然能得到开垦了。

注释

1 **关市:**位于交通要道的市集。

2 **恶商:**意为憎恶为商人。恶,憎恶,讨厌。

3 **疑:**怀疑,迟疑不决。

原文

以商之口数使[1]商,令之厮[2]舆[3]徒[4]重[5]者必当名[6],则农逸而商劳[7]。农逸则良田不荒,商劳则去来赍[8]送之礼无通于百县。则农民不饥,行不饰[9]。农民不饥,行不饰,则公作必疾,而私作不荒,则农事必胜[10]。

译文

按照商人家里的人数来向商人摊派徭役,使他们家中砍柴的、赶车的、随从、僮仆等各种奴仆都必须由官府登记在册,来安排徭役,这样农民就安逸而商人劳苦。农民安逸,那么良田就不会荒芜;商人劳苦(无余力),那么往来赠送的礼物就不会在百县通行。那么农民就不会(因良田荒芜)而受饿,不会装饰门面而行事。农民不受饿,行事不装饰,那么对于公家的事情会积极去做,私人的事情也不会荒废,那么农事必然会施行。农事必然

农事必胜，则草必垦矣。

会施行，那么荒地就必然能得到开垦了。

注释

1 **使**：役使，指摊派徭役。

2 **厮**：砍柴的人。

3 **舆**：驾车的人。

4 **徒**：随从。

5 **重**：当作"童"，僮奴的意思。厮、舆、徒、童四字同类并列，都是奴仆的别称。

6 **当名**：官府按照名册来安排徭役。

7 **农逸而商劳**：在古代，除为官者，只有做仆役的人可以不按照登记的户口去服徭役，而商鞅规定商人的仆役仍需要按照户口名册去服徭役，这样商人的负担就加重了。商鞅目的在于为难商人，使商人务农，所以说"农逸而商劳"。

8 **赍**：赠送。

9 **饰**：装饰。

10 **胜**：施行。

原文

令送粮无取僦[1]，无得反[2]庸[3]，车牛舆[4]重设[5]必当名[6]，然则往速徕[7]急[8]，则业[9]不败农。业不败农，则草必垦矣。

译文

规定运送粮食时不得收受运输费，不准运送粮食的车在返回时受雇给（别人），所用的车子、拉车的牛、运载（粮食）的重量在实际服役时必须和注册登记时的相同，这样的话，送粮的车子就去得迅速，回来得快，那么送粮的工作就不会妨碍农业生产。送粮的工作不妨碍农业生产，那么荒地就必然能得到开垦了。

注释

1 **僦(jiù)**:运输。

2 **反**:同“返”。

3 **庸**:通“佣”,受雇用的意思。

4 **舆**:运载。

5 **设**:用。

6 **当名**:按商鞅的法制,车牛所载重量应先在官府注册,在服役时,车牛所载重量与册上所注重量相当,这叫作当名。

7 **徕**:到来,与去往相对,指由彼至此。

8 **急**:疾,快。

9 **业**:事也,这里指送粮的工作。

原文

无得为罪人请于吏而饷食[1]之,则奸民无主[2]。奸民无主,则为奸不勉[3],农民不伤。奸民无朴[4]。奸民无朴,则农民不败。农民不败,则草必垦矣。[5]

译文

不准为犯人向官吏求情给他们送食物吃,那么邪恶的人就没有地方寓居、附庸。邪恶的人没有地方寓居、附庸,那么作奸犯科就不会受到鼓励,农民就不会受到损害。邪恶的人没有地方依附,那么农民就不会受到损害。农民不受到损害,那么荒地就必然能得到开垦了。

注释

1 **饷食**:即送饭给别人吃。饷,馈;食,拿东西给人吃。

2 **主**:寓居的意思。这里是指邪恶的人附属于人,认他人为主的意思。

3 **勉**:受到鼓励。

4 根据文意,此句乃衍文。为了文意的通顺,在白话文中就不再翻译这句了。

5 在《商君书锥指》中,蒋礼鸿先生认为这段话是后人将两个版本掺杂而成，一个版本为“无得为罪人请于吏而饷食之，则奸民无主。奸民无主，则为奸不勉，农民不伤。农民不伤，则草必垦矣”。另一版本为“无得为罪人请于吏而饷食之，则奸民无朴。奸民无朴，则为奸不勉，农民不败。农民不败，则草必垦矣”。“奸民无主”与“奸民无朴”同义。

农战第三

导读

农战，就是农耕与作战。商鞅所主张的治国之道要求君主重视农耕和作战，并建立相关法度。百姓都从事农耕和作战，国家才能富足和强大。当然，这也就意味着他们少巧诈，多朴实，易集中，易驱使。与之相对的则是研习学问、经营商业、从事手工业等工作，这是商鞅极力贬抑并禁止的，因为这些行为恰恰会使人们逃避农耕和作战，从而使国家陷入危亡之中。本篇正是从正反两个方面集中论述商鞅重视农战的政治策略，凸显出他重视实利，却缺乏人文关怀的政治思想。

原文

凡人主之所以劝[1]民者，官爵也；国之所以兴者，农战也。今民求[2]官爵皆不以农战，而以巧言虚道[3]，此谓劳[4]民。劳民者，其国必无力；无力者，其国必削[5]。

译文

通常君主鼓励民众的手段，是官职和爵位；国家赖以兴盛的方法，是农耕和作战。如今民众谋得官爵都不是因为农耕和作战，而是因为花言巧语和空泛无用的道理，这可以说是耗费民众精力。耗费民众的精力，这样的国家必然没有力量；没有力量，这样的国家必然被削弱。

注释

1 **劝**:鼓励。

2 **求**:犹得也。

3 **虚道**:空泛的道理。

4 **劳**:耗费的意思。

5 **削**:削弱。

原文

善为国者,其教民也,皆作壹[1]而得官爵。是故不官无爵[2]。国去言,则民朴;民朴则不淫。民见上利[3]之从一孔出也,则作壹;作壹,则民不偷营[4]。民不偷营则多力,多力则国强。今境内之民皆曰农战可避而官爵可得也,是故豪杰[5]皆可变业,务学《诗》《书》,随从[6]外权,上可以得显[7],下可以求官爵;要靡[8]事商贾,为技艺;皆以避农战。具备[9],国之危也。民以此为教[10]者,其国必削。

译文

善于治理国家的人,教育民众都应专心致力于农战来获取官职和爵位。因此不专心致力于农战的人,就不能做官,没有爵位。国家去除空谈,那么民众就朴实;民众朴实就不会放荡。民众看见君主只是以农战来奖赏爵禄,那么他们就会专心致力于农战;专心致力于农战,那么民众就不会马虎于农战而谋求其他事务。民众不马虎于农战而谋求其他事务,力量就增强,力量增强则国家强大。如今国内的民众都说农耕和作战可以逃避而官职和爵位同样可以得到,所以那些才干出众的人都愿意改行,致力于学习《诗》《书》,追逐外在的权术,好一点可以得到显赫的荣誉,差一点可以得到官职和爵位;微小平庸的人去经商,学技艺;他们都以此来逃避农耕和作战。以上情况都出现,国家就危险了。民众以才干出众的人和微小平庸的人的行为作为国君的教化内容,(都去如此作为,)那么国家必然会削弱。

注释

1 **作壹:**意为专心致力于农战。作,从事。壹,专一,这里指农战。

2 **是故不官无爵:**简书认为“是故”二字之后缺了“非疾农力战”五字,高亨认为应是“是故不作壹,不官无爵”。总之,这句话有脱漏的文字,使句意不明。简书和高亨所补,皆可。

3 **利:**这里指爵禄等奖赏。

4 **偷营:**偷,苟且,马虎。营,谋求。意为于农战马虎而谋求其他的事务。

5 **豪杰:**才能出众的人。

6 **随从:**追逐。

7 **显:**显赫,显贵。这里指荣誉,与下句的“官爵”相对。

8 **要靡**(yāo mí)**:**与“豪杰”对文,指微小平庸之人。要,通“幺”,小的意思。靡,细的意思。

9 **具备:**意谓豪杰和要靡的情况都出现。

10 **教:**政教,教化。这里指臣民以豪杰和要靡这两种人的行为为国君的教化内容。

原文

善为国者,仓廪[1]虽满,不偷于农;国大民众,不淫于言,则民朴[2]壹。民朴壹,则官爵不可巧而取也。不可巧取,则奸不生,奸不生则主不惑。今境内之民及处官爵者,见朝廷之可以巧言辩说取官爵也,故官爵不可得而常[3]也。是故进则

译文

善于治理国家的人,米仓虽然满满的,也不马虎于农业;国家大、人口多,不放纵(空泛的)言论,那么百姓就淳朴专一。百姓淳朴专一,那么官职和爵位就不可以靠花言巧语而获取。不可以靠花言巧语获取,那么奸诈就不会产生,奸诈不产生那么君主就不会被迷惑。如今国内的百姓和据有官职和爵位的人,看见朝廷上可以通过巧言辩说来获取官爵,所以(认为)官爵不可能按照国家的法规来获得。因此(他们)上朝则(以巧言)欺诈君主,下朝则谋求私利,如果可以满足自

曲[4]主，退则虑私，所以[5]实[6]其私，然则下卖权[7]矣。夫曲主虑私，非国利也，而为之者，以其爵禄也；下卖权，非忠臣也，而为之者，以末[8]货也。

己的私欲，这样就只能在下面卖弄权势了。欺诈君主谋求私利，不利于国家利益，而这样做，是为了爵位俸禄；在下面卖弄权势，不是忠臣(所为)，而这样做，是为了追逐货利。

注释

1 **廪(lǐn)**：米仓。

2 **朴**：淳朴，敦厚。

3 **常**：指封官授爵的法规。

4 **曲**：欺诈。

5 **所以**：所，如果。以，可以。

6 **实**：满足。

7 **卖权**：卖弄权势，指炫耀利用自己的权势以牟取私利。

8 **末**：追逐。

原文

然则下官之冀[1]迁者皆曰："多货，则上官可得而欲也。"曰："我不以货事上而求迁者，则如以狸[2]饵[3]鼠尔，必不冀矣。若以情[4]事上而求迁者，则如引诸绝[5]绳而求乘[6]枉[7]木也，愈不冀矣。二者不可以得迁，则我焉得无下动[8]众取货以事上而以求迁乎？"

译文

这样，下面希望升迁的官员都说："钱财多，就可以得到自己想要的高官。"说："我不拿钱财贿赂上级而求得升迁，就如同以猫为食物引诱老鼠一样，必然没有希望了。如果以实情呈现于上级而求得升迁，那么如同拉出断了的墨线而想去矫正弯曲的木材一样，更加没有希望了。这两种做法都不可以获得升迁，那么我怎能不向下惊动民众勒索钱财去贿赂上级来求得升官呢？"百姓说："我积极务农，首先装满国家的粮仓，再收剩余的粮食来供养父母，为君

百姓曰："我疾农，先实公仓，收余以食[9]亲，为上忘生而战，以尊主安国也。仓虚主卑家贫，然则不如索[10]官。"亲戚交游[11]合[12]，则更虑[13]矣。豪杰务学《诗》《书》，随从外权；要靡事商贾，为技艺，皆以避农战；民以此为教，则粟焉得无少，而兵焉得无弱也？

主舍生忘死而作战，使君主尊贵，国家安全。然而粮仓空虚，君主卑微，家庭贫穷，这样则不如索求做官。"父母亲戚交往合计，那么就会改变（从事农耕和作战的）想法。才干出众的人就致力于学习《诗》《书》，追逐外在的权术；微小平庸的人去经商，学技艺，都是以此来逃避农耕和作战；民众以他们的行为来效法，那么粮食怎能不减少，兵力怎能不削弱呢？

注释

1 **冀**：希望。

2 **狸**：猫。

3 **饵**：引诱。

4 **情**：实情。

5 **绝**：断的意思。

6 **乘**：应为"绳"字，作动词，使……直的意思。

7 **枉**：弯曲。

8 **动**：惊动，扰乱。

9 **食**：供养。

10 **索**：求也。

11 **交游**：聚在一起。

12 **合**：会也。

13 **更虑**：另作考虑，改变计划。

原文

善为国者，官法明，故不任[1]知虑；上作壹，故民不俭[2]营，则国力抟[3]。国力抟者强，国好言谈者削。故曰：农战之民千人，而[4]有《诗》《书》辩慧者一人焉[5]，千人者皆怠于农战矣。农战之民百人，而有技艺者一人焉，百人者皆怠于农战矣。国待[6]农战而安，主待农战而尊。夫民之不农战也，上好言而官失常也。常官[7]则国治，壹务则国富。国富而治，王[8]之道也。故曰：王道作[9]外[10]身作壹而已矣。

译文

善于治理国家的人，任用官吏的法令制度严明，所以不听凭智慧和谋划；君主专心致力于农耕和作战，所以百姓不马虎农耕和作战，不谋求从事其他事务，那么国家的力量就集中。国家力量集中就强大，国家喜欢空谈就削弱。所以说：从事农耕和作战的人有一千名，若有一个学习《诗》《书》且善辩智巧的人在，那么这一千个人都会懈怠于农耕和作战。从事农耕和作战的人有一百名，若有一个学技艺的人在，那么这一百人都会懈怠于农耕和作战。国家依赖农耕和作战而安全，君主依靠农耕和作战而尊贵。至于百姓不从事农耕和作战，是因为君主喜好巧辩空谈而任用官吏时丢了法规。按照法规授予官职，那么国家就能治理好，专心致力于农耕和作战，那么国家就富足。国家富足且治理得好，这是称王天下的途径。所以说：称王天下的途径只是否定空谈的言论，身体力行于农耕和作战而已啊。

注释

1 **任：**听凭。

2 **俭：**乃“偷”字之误。

3 **抟**(tuán)**：**凝聚，集中。

4 **而：**如，若。

5 **焉：**于此，在这里。

6 **待**：依赖，依靠。

7 **常官**：依法授官。常，作状语，是“按照法度”的意思。官，用作动词，指授予官职。

8 王(wàng)：成就王业，称王天下。

9 **作**：疑当作“非”字。

10 **外**：这里指外在的言论，即空谈。

原文

今上论[1]材能知[2]慧而任之，则知慧之人希[3]主好恶，使[4]官制[5]物，以适[6]主心，是以官无常，国乱而不壹，辩说之人而无法也。如此，则民务[7]焉得无多，而地焉得无荒？《诗》、《书》、礼、乐、善、修[8]、仁、廉[9]、辩、慧，国有十者，上无使守战[10]。国以十者治，敌至必削，不至必贫。国去此十者，敌不敢至，虽[11]至必却。兴兵而伐，必取；按兵不伐，必富。国好力[12]者以[13]难攻[14]，以难攻者必兴；好辩者以易攻，以易攻者必危。

译文

如今君主评定、选择有才能、智慧的人而任用，那么聪慧的人就会窥测君主的好恶，任用官吏决断事务，以此迎合君主的心意，因此，官吏任用没有法规，国家就混乱而不能专心致力于农耕和作战，善辩游说的人就会无法无天了。这样，百姓从事的行业怎能不多，而田地怎能不荒芜呢？《诗》、《书》、礼制、音乐、和善、贤德、仁爱、逊让、善辩、聪慧，国家有这十种思想，君主就不能使民众守卫攻战了。国家用这十种思想来治理，敌人来了必然侵削（土地），敌人不来国家也必然贫穷。国家去除这十种思想，敌人不敢来，即使来了必然被退却。出兵征战，必然能夺取（土地）；按兵不动，（国家）必然富足。崇尚农耕和作战的国家是专心攻克艰难之处，专心攻克艰难之处必然会兴盛；崇尚辩论的国家是专心攻克容易之处，专心攻克容易之处必然危险。

注释

1 **论**:评定。

2 **知**:通“智”。

3 **希**:通“睎(xī)”,企望,引申为窥测。

4 **使**:任用。

5 **制**:决断。

6 **适**:犹顺也,即迎合之意。

7 **务**:事务,这里指行业。

8 **修**:美,善。

9 **廉**:逊让。

10 **守战**:防守和进攻。

11 **虽**:即使。

12 **力**:“力”与下句的“辩”相对,可知“力”乃指农战。从事农战艰难,发表空谈容易。

13 **以**:介词,从,自。

14 **攻**:专心从事或研究。

原文

故圣人明君者,非尽[1]能[2]其万物也,知万物之要也。故其治国也,察要而已矣。今为国者多[3]无要,朝廷之言治也,纷纷[4]焉务[5]相易[6]也,是以其君惛[7]于说,其官乱[8]于言,其民惰而不农。故其境内之民皆化而好辩乐学,事商贾,为技艺,避农战。如此,则不远矣。

译文

所以圣人、英明的君主,并不擅长所有事务,而是了解其中的要领。所以他们治理国家,不过是考察要领而已。如今治理国家的人大都没有掌握要领,在朝廷发表治国的主张时,七嘴八舌的样子,力求选择容易的,因此君主在言说方面被欺蒙,官吏以言论方式来治理,百姓怠惰而不农耕。所以境内的百姓都变得爱好辩说、乐意学习,从事商业和手工业,逃避农耕和作战。这样,(离亡国)就不远了。

注释

1 **尽**：全，都。

2 **能**：擅长，善于。

3 **多**：副词，大都。

4 **纷纷**：杂乱貌。

5 **务**：力求，追求。

6 **相易**：相，选择；易，容易。这与上一段“好辩者以易攻”相应。意思是空谈的人大多喜欢选择容易的事情去做，否定、抛弃难做的事情，如农耕和作战。

7 **惛**(hūn)：欺蒙。

8 **乱**：治理。

原文

国有[1]事，则学民恶[2]法，商民善[3]化，技艺之民不用[4]，故其国易破也。夫农者寡而游食者众，故其国贫危。今夫螟[5]螣[6]蚼蠋[7]，春生秋死，一出而民数年不食。今一人耕而百人食之，此其为[8]螟螣蚼蠋亦[9]大[10]矣。虽[11]有《诗》《书》，乡[12]一束[13]，家一员[14]，独[15]无益于治也，非所以反[16]之之术也，故先王反之于农战。

译文

国家发生事情，那么从事学习的百姓就会诽谤法度，从事商业的百姓善于见风使舵，从事技艺的百姓不服从(国家法度)，所以这样的国家容易被击破。从事农耕的人少而靠游说谋食的人多，所以这样的国家贫穷危险。如今那些螟虫、蝗虫、青虫各种害虫，春天生出来，到秋天就死了，(尽管它们寿命短，)一旦出现那么百姓就几年没有吃的。如今一个人耕种而一百个人食用(这些粮食)，这样，比各种害虫(的危害)都严重。拥有《诗》《书》，每乡一捆，每家一卷，还是无益于治国，这些不是(使国家)翻身的方法，所以以前(有作为的)君主治国都会回到农耕和作战。

注释

1 **有**：出现，发生。

2 **恶**：诽谤。

3 **善**：易于。

4 **用**：遵从，服从。

5 **螟**(míng)：蛀食稻心的害虫。

6 **螣**(tè)：食苗叶的蝗类害虫。

7 **蚼蠋**(qú zhú)：一种危害农作物的虫。形体似蚕，色青，体常曲，常生长在农作物上。

8 **为**：有。

9 **亦**：副词，都，皆。

10 **大**(tài)：通"太"，过分的意思。这里指后果十分严重。

11 **虽**：用于句首，无义。

12 **乡**：古代行政区划名。有以二千家、三千家、万户为乡的。

13 **一束**：量词，一捆的意思。

14 **一员**：量词，一卷的意思。

15 **独**：乃"犹"字之误。

16 **反**：掉转方向，翻转。这里指反贫为富，反危为安。

原文

故曰：百人农一人居[1]者王，十人农一人居者强，半农半居者危。故治国者欲民之农也。国不农，则[2]与诸侯争权，不能自[3]持[4]也，则[5]众力不足也。故诸侯挠[6]其弱，乘[7]其衰，土地侵削而不振，则无及[8]已。

译文

所以说：一百个人耕作一个人闲坐着的国家能称王天下，十个人耕作一个人闲坐着的国家就强大，一半的人耕作一半的人闲坐着的国家就危险。所以治理国家的人希望百姓从事农耕。国家不(重视)农耕，若与诸侯争夺权力时，就不能与之抗衡，乃是(因为)众人的力量不足。所以诸侯打败弱小的国家，战胜衰弱的国家，其土地被侵犯削弱而一蹶不振，(想改变)就来不及了。

注释

1 **居**:坐的意思。这里引申为闲着,不劳作。

2 **则**:连词,表假设,若,如果。

3 **自**:助词,无实义。

4 **持**:相持,抗衡。

5 **则**:乃,是。

6 **挠**:打败。

7 **乘**:战胜。

8 **及**:来得及。

原文

圣人知治国之要,故令民归心于农。归心于农,则民朴而可正[1]也,纷纷[2]则易使也,信[3]可以守战也。壹则少诈而重居[4],壹则可以赏罚进也,壹则可以外用也。夫民之亲上死制[5]也,以其旦暮从事于农。夫民之不可用也,见言谈游士事君之可以尊身也,商贾之可以富家也,技艺之足以糊口也。民见此三者之便且利也,则必避农,避农则民轻其居。轻其居,则必不为上守战也。

译文

圣人知道治理国家的要领,所以让百姓专心致力于农耕。专心致力于农耕,那么百姓就朴实而可以被治理,百姓纯厚就易于役使,百姓诚实可以用来守城作战。专心致力于农战(百姓)就少有欺诈且看重故土不愿迁徙,专心致力于农战就可以用赏罚来激励(百姓),专心致力于农战(百姓)就可以用于对外作战。百姓之所以亲近君主、为法度牺牲生命,是因为他们从早到晚都从事于农耕。而百姓不可驱使的原因,是因为他们看见巧言善辩的游说之士侍奉君主可以使自己身份地位尊贵,商人可以使家族富裕,从事手工业者足够糊口。百姓看见这三种行为既方便且有利,那就必然逃避农耕了,逃避农耕那么百姓就看轻自己的居住之地。看轻自己的居住之地,就必然不会为君主守城作战。

注释

1 **正:**治理。

2 **纷纷:**疑当作“纯纯”,诚恳也。

3 **信:**诚实。

4 **重居:**意为重视故土,不愿迁移。居,居住之地,住宅。

5 **制:**制度,法度。

原文

凡治国者,患民之散而不可抟也,是以圣人作壹抟之也。国作壹一岁者十岁强,作壹十岁者百岁强,作壹百岁者千岁强,千岁强者王。君修[1]赏罚以辅壹教,是以其教有所常[2]而政有成也。王者得治民之至要,故不待赏赐而民亲上,不待爵禄而民从事,不待刑罚而民致死。国危主忧,说者成伍,无益于安危也。夫国危主忧也者,强敌大国也。人君不能服强敌破大国也,则修守备,便[3]地形,抟民力,以待[4]外事[5],然后患可以

译文

凡是治理国家的人,都担心百姓涣散而不能够凝聚,所以圣人专心致力于农战使他们凝聚起来。国家专心致力于农战一年就会强大十年,专心致力于农战十年就会强大一百年,专心致力于农战一百年就会强大一千年,强大一千年就能称王天下。君主实行赏罚制度来辅助专心致力于农战的教育,因此他们的教育有法度,政事有成绩。称王天下的人掌握了治理百姓的要领,所以不依赖赏赐,民众也亲近君主,不依靠爵禄,民众也从事(农耕),不依靠刑罚,百姓也(为作战)献出生命。国家危急、君主忧患(的时候),游说的人成群结队,也无益于(解决国家的)危机。国家危急、君主忧患的乃是强敌大国。(如果)君主不能征服强敌、击破大国,那就修建好防守的设备,熟悉地形,集中民众力量,来抗御外来进犯,于是祸患就可以消除而称王天下就可以达成了。所以英明的君主改革政治,专心致

去而王可致也。是以明君修政作壹，去无用，止[6]浮[7]学事[8]淫之民，壹之农，然后国家可富而民力可抟也。

力于农战，去除无用之事，禁止虚浮空洞的学问和任用游荡的人，专心致力于农耕，那么国家就可以富强而民众力量就可以集中。

注释

1 **修**：实行。
2 **常**：法度。
3 **便**：熟悉的意思。
4 **待**：抗御。
5 **外事**：外来进犯。
6 **止**：禁止。
7 **浮**：轻浮，浮薄。这里指学问虚浮空洞、不切实际。
8 **事**：任用。

原文

今世主皆忧其国之危而兵之弱也，而强[1]听[2]说者。说者成伍，烦[3]言饰[4]辞而章无用。主好其辩[5]，不求其实，说者得意，道路曲辩，辈辈[6]成群。民见其可以取王公大人也，而皆学之。夫人聚党与[7]说议于国纷纷焉，小民乐之，大人说[8]之，故其民农者寡而游食者众，众

译文

如今各诸侯国国君都担忧自己的国家危急且兵力薄弱，而努力听信游说的人。游说者成群结队，言论烦琐、粉饰而奏章却毫无用处。君主喜好人们能言善辩，不探求这些言论的实际效用，游说的人得意，在大街小巷诡辩，一批批的成群结队。百姓看见这样可以获取王公大人（的职位），就都学习他们。于是人们聚集党羽，在国内高谈阔论，平民百姓喜欢这样，达官贵人也喜欢这样，所以这样的国家百姓从事农耕的人少而游说谋食的人多，（游说谋食的人）多那么从事农耕的人就懈怠，农耕者懈怠那么土地就荒

则农者殆[9]，农者殆则土地荒。学者成俗[10]，则民舍农从事于谈说，高[11]言伪[12]议，舍农游食而以言相高也。故民离上而不臣者成群。此贫国弱兵之教也。夫国庸[13]民以言，则民不畜[14]于农。故惟明君知好言之不可以强兵辟[15]土也，惟圣人之治国，作壹抟之于农而已矣。

芜。学习（游说）形成风气，那么百姓就会舍弃农耕从事辩说，推崇言论和异类的意见，舍弃农耕、游说谋食而以言说相互推崇。所以百姓背离君主而不臣服的人就成群了。这是使国家贫穷、使兵力薄弱的教化啊！国家凭能言善辩来任用人，那么百姓就不会停留于农耕上。所以只有英明的君主明白巧言是不能够增强兵力、开拓疆土的，只有圣人治理国家，才能专心致力于农战、把民众集中于农耕上来啊。

注释

1 **强**(qiǎng)：勉力，努力。

2 **听**：听信。

3 **烦**：烦琐，繁多。

4 **饰**：装饰，修饰。

5 **辩**：能言善辩。

6 **辈辈**：指一批批，一伙伙。辈，指同一类群的人或物。

7 **党与**：同党之人。

8 **说**：同“悦”。

9 **殆**：通“怠”，懒惰，懈怠。

10 **成俗**：形成风气。

11 **高**：尊重，推崇。

12 **伪**：非正统的。这里指异于社会主流。

13 **庸**：任用。

14 **畜**(xù)：积聚，引申为停留。

15 **辟**(pì)：开拓、扩展的意思。

去强第四

导读

去强，指清除强悍不羁、不从法令之民。本篇是摘取篇章首句“去强”二字作为篇名，此二字无法完整体现全篇内容。全篇内容十分丰富，从国与民、国与法、国与仁教、国与战争等各个方面，阐述如何使国家富强并最终称王天下，十分清晰地展现了商鞅重国、重君、轻民，甚至将国家、君主与民众相对立的思想，并再现了他对农耕和战争的重视。本篇与《说民》《弱民》两篇内容有相同之处，应相互参阅。

原文

以强去强者弱[1]，以弱[2]去强者强。

国为善[3]，奸必多。

国富而贫治[4]，曰重[5]富，重富者强；国贫而富治，曰重贫，重贫者弱。

译文

采用使民众强大而不听从法令的政策来除去强悍而不守法的民众，国家必定虚弱；采用使民众服从法令的政策来除去强悍而不守法的民众，国家必定强大。

国家（舍弃法制）干民众认为好的事情，那么非法的（人和事）必然多。

国家富足而用使百姓贫穷的方法来治理，这叫作双重富足，双重富足的国家就强大；国家贫穷而用使百姓富足的方法来治理，这叫作双重贫穷，双重贫穷的国家就弱小。

注释

1 **以强去强者弱**：第一个“强”是“以”的宾语，用作名词，指强民的政策，即使民众强大而不服从法令的举措。第二个“强”也是名词，指强悍而不服从法令的百姓。强民的政策，根据本书，是指用《诗》、《书》、礼、乐、仁、义等教育百姓，百姓利用这一套理论来质疑和反对法令，不服从法令。

2 **弱**：这里指弱民政策，即使民众服从法令的举措。具体而言，是指不用《诗》、《书》、礼、乐、仁、义等来教育民众，民众愚昧无知，自然守法，而不是质疑和反对法令。

3 **国为善**：《商君书·弱民》“上舍法，任民之所善”诠释了这句话，意思是国君舍弃法制，放任民众做其自认为好的事情。

4 **国富而贫治**：根据《商君书·弱民》“民贫而力富……故民富而不用”的思想，可知此句中的“贫治”当解释为“用使民贫穷的方法来治理”。因为百姓只有贫穷的时候才会不断努力耕作，而百姓富有后则不易驱使。

5 **重(chóng)**：引申为加倍。

原文

兵行敌所不敢行，强；事兴敌所羞为，利。[1]

主贵多变[2]，国贵少变[3]。

国多物，削；主少物，强。[4]千乘之国守千物者削[5]。

战事[6]兵用[7]曰[8]强，战乱兵息[9]而国削。

译文

军队敢做敌人怕死而不敢做的事情，就强大；国家敢做敌人感到羞耻而不愿做的事情，就有利。

国君贵在权谋变化多端，国家贵在法度变动少而稳定。

国家财物少，就会削弱；国家财物多，就会强大。有一千辆兵车的国家只守着一千辆兵车的物资，就会削弱。

作战有部署，士兵可任用，国家就强大；作战安排混乱，士兵懈怠，国家就削弱。

注释

1 **事兴敌所羞为:**此指排斥儒家的仁义道德,做事不讲仁义道德。事,指国家之事。兴,做。

2 **主贵多变:**指国君有权谋,能因事制宜、随机应变。

3 **国贵少变:**指国家遵守常法,政策具有稳定性。

4 **国多物,削;主少物,强:**根据《商君书·弱民》篇“利出一孔则国多物;出十孔则国少物。守一则治,守十则乱。治则强,乱则弱。强则物来,弱则物去。故国致物则强,去物则弱”,此句话应为“国少物,削;国多物,强”。物,财物。

5 **千乘之国守千物者削:**千乘之国守千物,那么平均一辆兵车只有一物。这说明国家少物,所以会削弱。乘,指兵卒,四马一车为一乘。

6 **事:**这里是治理的意思。

7 **用:**使用,任用。

8 **曰:**应为“国”字,与“战乱兵息而国削”相应。

9 **息:**据《商君书·弱民》当作“怠”,因字形相似而误,懈怠的意思。

原文

农、商、官三者,国之常[1]官[2]也。三官者生虱官[3]者六:曰岁[4]、曰食[5]、曰美[6]、曰好[7]、曰志[8]、曰行[9]。六者有朴[10],必削。三官之朴三人,六官[11]之朴一人[12]。

译文

农民、商人、官吏三者,是国家固定不变的职业。这三种职业会生成弊端的情况有六种:在收成上(,农民游惰,使年岁歉收);在吃的方面(,农民不务正业,白吃粮食);在货物方面(,商人只贩卖华丽而无用的东西);在玩好方面(,商人贩卖奇珍异宝而让人不务正业);在志向方面(,官吏志于营私舞弊,为私不为公);在行为方面(,官吏贪赃枉法,损害国家利益)。六种职事存在弊端,那么国家必然削弱。三种职业的弊端在于从事三种职业的人,六种职事的弊端则在于国君一人。

注释

1 **常**:固定不变。

2 **官**:指职业。

3 **虱官**:指依附于某一行业而败坏该行业的人或事情。虱,虱子,一种寄生在人或猪、牛等身体上吸食血液的寄生昆虫。这里是“有害的”意思。官,指职事、职能。

4 **岁**:收成,年景。这里指农民游惰,使年岁歉收。

5 **食**:吃。这里指农民不务本业,白吃米粮。

6 **美**:美好。这里指商人贩卖华丽的东西。

7 **好**:玩好。这里指商人贩卖奇珍异宝。

8 **志**:志向,志愿。这里指官吏营私舞弊的思想。

9 **行**:行为。这里指官吏贪赃枉法的行为。

10 **朴**(pǔ):指未经腊制的鼠肉。这里引申为像老鼠一样的腐肉、隐患。

11 **六官**:指岁、食、美、好、志、行六件事。

12 **一人**:指国君。

原文

以治法者强,以治政者削。常官治者迁官[1]。治大[2],国小;治小[3],国大。

强之重,削;弱之重,强。夫以强攻强者亡,以弱攻强者王。[4]

译文

致力于以法制治理的国家就强盛,致力于以政教治理的国家就削弱。依照固定不变的法制治理的官吏,治理措施就简洁;无常法、经常改变治理措施的官吏,治理措施就烦琐。治理措施烦琐,国家就弱小;治理措施简洁,国家就强大。

重在使人民强大而不守法,则国家就削弱;重在使人民弱小但遵守法纪,则国家就强大。采用使民众强大而不听从法令的政策来除去强悍而不守法的民众,(以这样的方式治民)国家必然灭亡;采用使民众服从法令的政策来除去强悍而不守法的民众,(以这样的方式治民)国家必成王业。

注释

1 **常官治者迁官**:蒋礼鸿先生在《商君书锥指》中以为此句当作"常官治省,迁官治大"。"者"因形近"省",所以被误写。常,固定不变。常官,这里指依照固定不变的法制治理的官吏。迁官,这里指治理措施经常改变、无常法的官吏。迁,变易,改变。

2 **治大**:犹治多。这里指采取诸多的政治措施,如儒家以《诗》、《书》、礼、乐等治国。

3 **治小**:犹治少。这里指采取较少的政治措施,如只以法制治国,其他都摒弃。

4 此二句与篇首"以强去强者弱,以弱去强者强"同义。

原文

国强而不战,毒[1]输[2]于内,礼乐虱官生必削。国遂[3]战,毒输于敌,国无礼乐虱官,必强。

举[4]荣[5]任功曰强。虱官生必削。农少商多,贵人贫商贫农贫,三官贫必削[6]。

译文

国家强盛而不征伐,(人民骄惰淫逸的)祸患就会在国内生成,礼乐等危害产生了,国力必然削弱。国家进行征伐,祸患就会输送到敌人那里,国内没有礼乐等危害,国力必然强盛。

推荐任用有功劳的人,国家就强大。产生像虱子一样有危害的官吏则国家必然削弱。农民少,商人多,因而官吏贫穷、商人贫穷、农民贫穷,从事三种职业的人都贫穷了,国家必然削弱。

注释

1 **毒**:祸患。这里指骄惰淫逸之弊病。国家强大,安于现状,不对外扩张,就会滋生骄惰淫逸这样的弊病。

2 **输**:运送。第一个"输"当为"生"。从文理而言,对于自己应当说"生",即产生;对于敌人应当说"输",即输送。

3 **遂**:乃,便。

4 **举:**推荐。

5 **荣:**应为"劳"字,误写为"荣"。

6 **三官贫必削:**农民少商人多,意味着贸易发达,而粮食生产不足。粮食生产不足,食用之人众多,最终会导致达官贵人贫穷、农民贫穷,商人也贫穷。所以说从事三种职业的人贫穷,国家必然削弱。

原文

国有礼、有乐、有《诗》、有《书》、有善、有修[1]、有孝、有弟、有廉[2]、有辩,国有十者,上无[3]使[4]战,必削至亡;国无十者,上有[5]使战,必兴至王。国以善民治奸民者,必乱至削;国以奸民治善民者,必治至强。[6]国用《诗》、《书》、礼、乐、孝、弟、善、修治者,敌至必削,国[7]不至必贫。国不用八者治,敌不敢至,虽至必却[8]。兴兵而伐,必取[9],取必能有[10]之;按[11]兵而不攻,必富。

译文

国家有礼、有乐、有《诗》、有《书》、有和善、有贤德、有对父母的孝顺、有对兄长的敬从、有逊让、有善辩,国家有这十种东西,君主未曾派遣民众攻战,国家也必然削弱直至灭亡;国家没有这十种东西,君主再次派遣民众攻战,国家也必然兴盛直至称王天下。以不肯告奸的良民来治理肯于告奸的奸民,这样的国家必然混乱以至于削弱;以肯于告奸的奸民来治理不肯告奸的良民,这样的国家必然能治理好并且至于强盛。国家用《诗》、《书》、礼、乐、孝、悌、和善、贤德来治理,敌人到来,国家必然削弱;敌人不来,国家必然贫穷。国家不用这八种思想治理,敌人不敢来,即使来了必然败退。(如果)发动士兵去攻打别国,必然能够攻占,攻占必然能够保有;(如果)按兵不动,不攻打别国,(国家)必然会富足。

注释

1 **修:**贤良,贤德。

2 **廉:**逊让。

3 **无:**未曾。

4 **使:**派遣。

5 **有:**又,再。

6 **国以善民治奸民者,必乱至削;国以奸民治善民者,必治至强:**《说民》:"用善,则民亲其亲;任奸,则民亲其制。……以奸民治,必治至强。"与本篇此二句论点一致,即此二句的说明。所谓"善"与"奸"有其特殊的含义,即亲亲而掩盖别人的罪恶为"善",不亲亲而告发别人的罪恶为"奸"。

7 **国:**衍文。

8 **却:**退,使退。

9 **取:**夺取,攻占。

10 **有:**保有,占有。

11 **按:**止住,扼制。

原文

国好力,日[1]以难[2]攻;国好言,日以易[3]攻。国以难攻者,起一得十;以易攻者,出十亡百。

译文

国家喜好力量,以难以具有的实力攻打(别国);国家喜好空谈,以容易具有的能力攻打(别国)。国家用难以取得的耕战实力去进攻别国,动用一分力量就能获得十倍收获;国家用容易具有的空谈本事去进攻别国,使出十分力量就会丧失百倍的利益。

注释

1 **日:**"日以难攻""日以易攻"中的"日"乃"曰"字之误。《商君书·说民》"国好力,曰以难攻;国好言,曰以易攻"可以佐证。

2 **难:**这里指较难具有的实力,如武力、耕作。

3 **易:**这里指容易具有的能力,如空谈。

原文

重罚轻赏[1]，则上爱民[2]，民死上；重赏轻罚，则上不爱民，民不死上。兴国行罚，民利[3]且畏；行赏，民利且爱。国无力而行知[4]巧者必亡。

译文

加重刑罚、不滥加赏赐，那是国君爱护民众，民众就会为国君拼死效力；滥加赏赐、减轻刑罚，那是国君不爱护民众，民众不会为国君拼死效力。兴盛的国家施行刑罚，民众就能被君主利用而且敬畏君主；实行奖赏，民众能被君主利用而且爱戴君主。国家没有实力且从事智谋与巧诈，必然会灭亡。

注释

1 **轻赏：**指赏赐以功劳论，不滥加赏赐。

2 **上爱民：**商鞅主张重罚，使人民戒惧而不再犯法，轻赏则会使人民不会有侥幸而获不当利益的心思，这样人民不会犯法受刑，且会因赏赐而感到光荣，所以说国君爱护人民。

3 **利：**利用，利诱。

4 **知：**通"智"。

原文

怯民使[1]以刑，必勇；勇民使以赏，则死。怯民勇，勇以死[2]，国无敌者强。强必王。

贫者使以刑则富，富者使以赏则贫。治国能令贫者富，富者贫，则国多[3]力。多力者王。

译文

怯懦的民众，用刑罚役使，必然会勇敢起来；勇敢的民众，用奖赏役使，就会以死效力（君主）。怯懦的民众（变得）勇敢，勇敢的民众以命效力，（因而）国家变得没有对手，就强盛了。（国家）强盛必然会称王天下。

穷人，以刑罚役使他们（耕织），他们就会变得富足；富人，以奖赏支配他们（捐献钱物给国家），他们就会变得贫穷。治理国家能让穷人变富，富人变穷，国家就会增强实力。实力雄厚的国家能称王天下。

注释

1 **使**:支配,役使。

2 **勇以死**:应为“勇民死”。

3 **多**:增加。

原文

王者刑九赏一,强国刑七赏三,削国刑五赏五。国作壹[1]一岁,十岁强;作壹十岁,百岁强;作壹百岁,千岁强。千岁强者王。

译文

称王天下的国家,刑罚占十分之九,奖赏占十分之一;强盛的国家,刑罚占十分之七,奖赏占十分之三;削弱的国家,刑罚占十分之五,奖赏占十分之五。国家专一于农战一年,就会强盛十年;专一于农战十年,就会强盛百年;专一于农战百年,就会强盛千年。强盛千年的国家能称王天下。

注释

1 **作壹**:指专一于农战。

原文

威以一取十,以声取实,故能为威者王。能生不能杀[1],曰自攻之国,必削;能生能杀,曰攻敌之国,必强。故攻官[2]攻力[3]攻敌[4],国用其二,舍其一,必强;令用[5]三者,威必王。

译文

国家有威势,就能以一取十,先声夺人,所以能够有威势的国家就能称王天下。能够培养实力而不消耗实力,这叫作攻打自己的国家,(这样的国家)必然削弱;能培养实力且能消耗实力,这叫作攻打敌人的国家,(这样的国家)必然强盛。所以整治官吏、培养力量、攻打敌人,国家能够使用其中两项,放弃其中一项,(国家)必然强盛;能够合用三项,(国家)就会有威势,必然能够称王天下。

注释

1 **能生不能杀：**《说民》：“能生力不能杀力，曰自攻之国，必削。”又说：“能生力能杀力，曰攻敌之国，必强。”可知，生杀指国家的实力而言。生是指在平时培养实力，杀是指在战争中消耗实力。

2 **攻官：**指整治官吏。攻，治也。

3 **攻力：**指整治耕战，培养力量。

4 **攻敌：**指攻打敌人，消耗敌人实力。攻，攻打，进攻。

5 **令用：**令，疑为“合”字之误。令用，即合用，意为并用。

原文

十里[1]断[2]者国弱，九[3]里断者国强。以日治者王，以夜治者强，以宿[4]治者削。

译文

（事件）在十里的区域内才能决断的，国家就弱；（事件）在五里的区域内就能够决断的，国家就强。在当天白天就能处理好政事的国家能称王天下，到当天晚上能处理好政事的国家就会强大，隔夜才能处理好政事的国家会削弱。

注释

1 **里：**古代居民行政单位，通常五家为邻，五邻为里。

2 **断：**决断。

3 **九：**当作“五”。《商君书·说民》作“治国者贵下断，故以十里断者弱，以五里断者强”可证。

4 **宿：**隔夜。拖延积压之意。

原文

举[1]民众口数，生者著[2]，死者削[3]。民不逃粟[4]，野无荒草，则国富。国富者强。

译文

登记好民众的人数，活着的要著录在户口册上，死去的要从户口册上去除。这样民众就不能逃避赋税，田野没有荒草，那么国家就会富足。国家富足就强盛。用刑罚去掉刑罚，国

以刑去刑[5],国治;以刑致刑[6],国乱。故曰:行刑重轻[7],刑去事成,国强;重重[8]而轻轻[9],刑至事生,国削。刑生力[10],力生强,强生威,威生惠,惠[11]生于力。举力以成勇战,战以成知谋。

家就治理得好;用刑罚招致刑罚,国家就混乱。所以说:施行刑罚,对犯罪轻的人使用重刑,那么刑罚就能去掉,事情就能办好,国家就强盛;对犯重罪的人重罚,对犯轻罪的轻罚,那么刑罚还会被使用,犯法的事情还会发生,国家就削弱。刑罚产生实力,实力产生强盛,强盛产生威势,威势产生恩惠,恩惠是从实力中产生的。施展力量,才能成就英勇的作战,(英勇的)作战才能成就智慧和计谋。

注释

1 **举:**登记。

2 **著:**写上。

3 **削:**指从户口簿上除名。古代用竹简编为簿册,除名时用小刀刮削竹简,所以说“削”。

4 **逃粟:**逃避赋税。

5 **以刑去刑:**指用重刑而民众不敢犯法,即以刑罚杜绝了犯罪。

6 **以刑致刑:**指用轻刑而民众不惧怕犯罪,即以刑罚导致了犯罪。

7 **重轻:**轻罪重罚。

8 **重重:**重罪重罚。

9 **轻轻:**轻罪轻罚。

10 **刑生力:**刑罚可使怯民勇于作战、贫民致力于农耕,从而造就强大的战斗力和财力、物力,所以说“刑生力”。

11 **惠:**恩惠。

原文

金生而粟死,粟死而金生。[1]本物[2]贱,事

译文

有了金钱就没有粮食,有了粮食就等于有了金钱。粮食价格低廉,然而从事农耕

者众，买者少，农困而奸[3]劝[4]，其兵弱，国必削至亡。金一两生于竟[5]内，粟十二石[6]死于竟外。粟十二石生于竟内，金一两死于竟外。国好生金[7]于竟内，则金粟两死，仓[8]府[9]两虚，国弱。国好生粟[10]于竟内，则金粟两生，仓府两实，国强。

的人多，买粮食的人少，所以农民穷困，因而商业和奇技淫巧就受到鼓励，(如果这样，)兵力就弱小，国家实力就被削弱直至灭亡。国内赚到一两黄金，就会有十二石粮食输送到国境外。国内购入十二石粮食，就有一两黄金输送到国外。国家喜好在国内增加金钱，那么金钱、粮食两种东西都会丧失，粮仓和府库都会空虚，国家也会削弱。国家喜好在国内增加粮食，那么金钱、粮食两种东西都会获得，粮仓、府库都会充实，国家也会强盛。

注释

1 **金生而粟死，粟死而金生：**应作“金生而粟死，粟生而金生”，意思是国家注重金钱的获取却忽视粮食生产，最终会导致农业萎缩、粮食短缺，此乃“粟死”；国家重视粮食生产，那么粮食丰收充裕，就可将粮食卖给其他国家换取金钱，此乃“金生”。

2 **本物：**粮食。

3 **奸：**这里指商业和奇技淫巧。

4 **劝：**鼓励。

5 **竟：**通“境”。

6 **石：**古代计量单位，一石为十斗。

7 **国好生金：**指国家推崇商业，唯利是图。国家注重商业，人们就会去经商而放弃农耕，这就会造成粮食的减少，那就还得花钱买粮，结果就使得金钱、粮食都缺乏。

8 **仓：**粮仓。

9 **府：**古时国家收藏财物的地方。

10 **国好生粟：**指国家注重农业，努力发展粮食生产。国家注重粮食生产，人们就致力于农耕，这样，粮食就多了，而且还可卖粮食而取得金钱，结果就使得金钱、粮食都富足，所以说"国好生粟于竟内，则金粟两生，仓府两实"。这句话反映了商鞅重农抑商的思想。

原文

强国知十三数：竟内仓口[1]之数，壮男壮女之数，老弱之数，官[2]士[3]之数，以言说取食者之数[4]，利民[5]之数，马牛刍藁[6]之数。欲强国，不知国十三数，地虽[7]利[8]，民虽众，国愈弱至削。国无怨[9]民，曰强国。兴兵而伐，则武爵武任[10]，必胜；按兵而农，粟爵粟任[11]，则国富。兵起而胜敌，按国[12]而国富者王。

译文

强国要掌握十三种（事物）的数目：境内粮仓和府库的数目，壮男和壮女的数目，老人和小孩的数目，官吏和士人的数目，靠游说吃饭的人的数目，（从事）有利于民生的人数，马、牛和柴草的数目。想要国家强盛，却不知道国家的这十三种数目，即使土地肥沃，人口众多，国家也会越来越贫弱，直至被侵削。国家没有蓄积闲置的人，（人人都去从事耕战）就叫作强国。发动士兵去征讨，按照军功授予他们爵位和官职，（那么国家）必然取得胜利；屯兵去从事农业生产，按照生产粮食的多少授予爵位和官职，那么国家（必然）富裕。士兵出动就能战胜敌人，士兵不动就能使国家富裕，这样的国家能够称王天下。

注释

1 **仓口**："口"当为"府"字之误。"仓府"正是前文所说的粮仓和府库。

2 **官**：官吏。

3 **士**：学士，指知识分子。

4 **以言说取食者之数**：指游说之士。

5 **利民**：指有益于人民生活的人，具体指农民、商人和手工业者。

6 **刍藁**(chúgǎo)：指柴草。刍，是牲口吃的草。藁，同"稿"，谷类植物的茎秆。

7 **虽:**即使。

8 **利:**饶也。这里指土地肥沃。

9 **怨:**蓄积闲置的意思。

10 **武爵武任:**按照军功赏赐任用。武,指战功。任,指任用。

11 **粟爵粟任:**按照种粮的多少赏赐任用。商鞅的法制,用粮谷可以捐爵捐官。

12 **国:**应作"兵"。

说民第五

导读

此篇主旨在于论述如何治理民众的问题。作者一开篇就指出民众与政令之间的对立关系,或是民众克制政令,或是政令制服民众,即"民胜其政""政胜其民",而国家要想强大,就必须依照法令治理。所以文中从八种情况的危害、奸善的分别、力言的任用、刑赏的使用、民众贫富的予夺、决断主体的讨论等各方面阐述以法治理民众的中心思想。

原文

辩慧,乱之赞[1]也。礼乐,淫佚之征[2]也。慈仁,过之母也。任举,奸之鼠也。[3]乱有赞则行,淫佚有征则用,过有

译文

巧言善辩、足智多谋是违法乱纪的帮手。礼制、音乐是放荡淫逸的诱因。仁爱与慈善是罪过的根源。任侠、名誉是奸邪的藏身之地。违法乱纪有助力就会流行,放荡淫逸有诱导就会施行,罪过有本源就会生成,

母则生，奸有鼠则不止。八者有群[4]，民胜[5]其政；国无八者，政胜其民。民胜其政，国弱；政胜其民，兵强。故国有八者，上无以使守战，必削至亡；国无八者，上有以使守战，必兴至王。

奸邪有藏身之地就不会停止。这八种情况成群出现，民众就会克制政令；国家没有这八种情况，政令就会制服民众。民众克制政令，国家就弱小；政令制服民众，兵力就强大。所以国家有这八种情况，君主无法使（民众）坚守作战，（国家）必然削弱直至灭亡；国家没有这八种情况，君主能使（民众）坚守作战，必然兴盛直至称王天下。

注释

1 **赞：**助也。

2 **征：**召也。

3 **任举，奸之鼠也：**任，任侠，即仗义行事，保护别人的意思。举，当借为“誉”，名誉的意思。鼠，居处。

4 **八者有群：**八者，指辩、慧、礼、乐、慈、仁、任、举。群，众多。

5 **胜：**克制，制服。

原文

用善，则民亲其亲；任奸，则民亲其制。合而复者，善也；[1]别而规者，奸也。[2]章善则过匿，任奸则罪诛。过匿则民胜法，罪诛则法胜民。民胜法，国乱；法胜民，兵强。故曰：以良民治，必乱至削；以奸民治，必治至强。

译文

任用善人，那么民众就会亲近自己的亲人；任用奸人，那么民众就会亲近法制。联合（别人）并掩盖罪恶的人，是善人；（从群体）分离出来并窥察罪恶的人，是奸人。表彰善人就会隐藏过错，任用奸人就会诛杀罪恶。隐藏过错，民众就会克制法制；诛杀罪恶，法制就会制服民众。民众克制法制，国家就会混乱；法制制服民众，兵力就会强大。所以说：任用良民治理，（国家）必然混乱直至削弱；任用奸民治理，（国家）必然安定直至强盛。

注释

1 **合而复者，善也：**合，联合。复，通“覆”，掩盖的意思。善，意思是联合别人并掩盖别人罪恶的人。在商鞅看来，这类善人是那些重视儒家道义、顾全私人情谊、拉帮结派，而不肯揭发别人罪恶的人。

2 **别而规者，奸也：**别，分，分出。规，通“窥”，观看，窥察。奸，意思是从群体分离出来并窥察别人罪恶的人。在商鞅看来，这类奸人是那些揭发罪恶、维护了国家法令的人。商鞅主张人民相互监视、相互告发。

原文

国以难攻，起一取十；国以易攻，起一亡百。[1]国好力，日以难攻；国好言，日以易攻。[2]民易为言，难为用；国法作[3]民之所难，兵用民之所易，而以力攻者，起一得十；国法作民之所易，兵用民之所难，而以言攻者，出十必[4]百。

译文

国家用难以取得的实力去进攻（别国），发出一分力量就能取得十分的功效；国家用容易得到的空谈去进攻（别国），出动十分力量就会失去百分力量。国家崇尚实力，叫作用难以取得的东西去攻打；国家喜好空谈，叫作用易于获得的东西去攻打。民众易于从事空谈，难于役使出力；国家法制倡导民众所畏难的事情，战争中役使民众就成为（他们）容易做到的事情，依靠实力攻打的，就会发出一分力量取得十分功效；国家法制倡导民众做容易做的事情，战争中役使民众就成为（他们）难于做到的事情，依靠空谈攻打的，出动十分力量就会失去百分力量。

注释

1 **国以难攻，起一取十；国以易攻，起一亡百：**难，名词，指难于做到的事，这里指靠农战增强国家的实力。易，名词，容易做到的事情，这里指空谈。起，任用，起用。起一亡百，当作“出十亡百”。《去强》篇：“国以难攻者，起一得十；以易攻者，出十亡百。”《靳令》篇：“以力攻者，出一取十；以言攻者，出十亡百。”可证明。

2 **国好力，日以难攻；国好言，日以易攻：**两“日”字当作“曰”。

3 **作：**兴起。

4 **必：**当作“亡”字。

原文

罚重，爵[1]尊；赏轻，刑威。爵尊，上爱民；刑威，民死上。故兴国行罚则民利，用赏则上重。

译文

刑罚重，爵位（才显得）尊贵；奖赏轻，刑罚（才显得）威严。爵位尊贵，君主（用来行赏，才显得）爱护民众；刑罚威严，民众（怕受刑罚，才会）为君主献出生命。所以兴盛的国家使用刑罚，那么民众才能（被君主）利用；实行奖赏，那么君主就（受到）尊重。

注释

1 **爵：**爵位。

原文

法详则刑繁，法繁则刑省[1]。民治则乱[2]；乱而治之，又乱。故治之于其治[3]，则治；治之于其乱，则乱。民之情也治[4]，其事也乱。故行刑重其轻者，轻者不生，则重者无从至矣。此谓治之于其治也。行刑重

译文

法令周详，那么刑罚就会繁多；刑罚繁多，用刑就会减少。民众不治理，就会混乱；混乱时治理，只会更乱。所以民众安定时治理，才能治理好；在民众混乱时治理，只会混乱。民众情理中（希望）安定，他们的行事（却造成）混乱。所以施行刑罚，重罚犯罪轻的，轻罪就不会发生，那么重罪也无从形成了。这是所谓的在民众安定时治理（的原因）。施行刑罚，重罚犯重罪的，轻罚犯轻罪的，轻罪不能消灭，那么重罪就无从

其重者,轻其轻者,轻者不止,则重者无从止矣。[5]此谓治之于其乱也。故重轻,则刑去事成,国强;重重而轻轻,则刑至而事生,国削。

阻止。这是所谓的在民众混乱时治理(的原因)。所以重罚轻罪,那么刑罚就能去除,事情能够成功,国家就强大;重罚重罪,而且轻罚轻罪,那么刑罚就出现,并且犯罪的事情还会发生,国家就削弱。

注释

1 **法繁则刑省:**疑当作"刑繁则刑省"。意思是刑罚繁多,会使民众畏惧,不敢犯法,所以刑罚也就会减少。

2 **民治则乱:**"民"下当有"不"字,即"民不治则乱"。

3 **故治之于其治:**第一个"治"是治理的意思,第二个"治"是安定、太平的意思。后面的一句"故行刑重其轻者,轻者不生,则重者无从至矣。此谓治之于其治也",解释了为何在民众安定时治理的原因。

4 **民之情也治:**情,情理。也,用于句中,表语气停顿或延缓。

5 **轻者不止,则重者无从止矣:**第一个"止"是消灭、除去的意思。第二个"止"是阻止、禁止的意思。

原文

民勇,则赏之以其所欲;民怯,则杀[1]之以其所恶。故怯民使之以刑则勇,勇民使之以赏则死。怯民勇,勇民死,国无敌者,必王。

译文

民众勇敢,那么便以他们想要的来奖赏;民众怯懦,那么便以他们讨厌的来灭除。所以使用刑罚对待怯懦的民众,他们就会变得勇敢;使用奖赏对待勇敢的民众,他们就会拼命。怯懦的民众变得勇敢,勇敢的民众变得拼命,国家就天下无敌,必然称王天下。

注释

1 **杀:**消除,灭除。

原文

民贫则弱，国富则淫[1]。淫则有虱，有虱则弱。故贫者益之以刑则富，富者损之以赏则贫。治国之举，贵令贫者富，富者贫。贫者富，富者贫，国强。三官无虱。国久强而无虱者，必王。

译文

民众贫穷，那么国家就弱小；民众富裕，那么就会放荡奢侈。放荡奢侈就有弊害，有弊害（国家）就会弱小。所以对待贫穷的人，用刑罚使（他们参与耕战）就会（让他们变得）富裕；对待富裕的人，用奖赏（使他们捐粮买爵位）减损（他们的财富）就会（使他们变得）贫穷。治理国家的举措，重要的是使贫穷的人变富裕，富裕的人变贫穷。贫穷的人变富裕，富裕的人变贫穷，国家就会强大。农民、商人、官吏三者没有弊害。国家长期强大而没有弊害，必然称王天下。

注释

1 **国富则淫：**即“民富则淫”。

原文

刑生力，力生强，强生威，威生德[1]，德生于刑。故刑多则赏重，赏少则刑重。民之有欲有恶也，欲有六淫，恶有四难。[2]从[3]六淫，国弱；行四难，兵强。故王者刑于九而赏出一[4]。刑于九则六淫止，赏出一则四难行。六淫止

译文

刑罚能够产生实力，实力能够产生强大，强大能够产生威势，威势能够产生恩惠，恩惠产生于刑罚。所以刑罚多，那么奖赏（就显得）优厚；奖赏少，那么刑罚（就显得）严厉。民众有爱好也有厌恶的事情，爱好的事情中有六种弊害，厌恶的事情中有四种畏难的事情。（民众）有六种弊害，国家就弱小；行四种畏难的事情，兵力就强大。所以称王天下的人刑罚用于多个方面而奖赏只出现在农战上。刑罚用于多个方面那么六种弊害就会去除，奖赏只出现于农战那么四种畏难的事情就能进行。六种

则国无奸，四难行则兵无敌。民之所欲万，而利之所出一；民非一则无以致欲，故作一。作一则力抟[5]，力抟则强。强而用，重强。故能生力能杀力，曰攻敌之国，必强。塞私道以穷其志[6]，启一门以致其欲，使民必先行其所要，然后致其所欲，故力多。力多而不用则志穷，志穷则有私[7]，有私则有弱。故能生力不能杀力，曰自攻之国，必削。故曰："王者国不蓄力，家不积粟。"国不蓄力，下用也；家不积粟，上藏也。

弊害去除了那么国家就没有奸邪，四种畏难的事情进行了那么军队就无敌。民众想要的东西太多，而利益只出现在农战这一条途径；民众若不能遵循这一条途径，那么就不能获得想要的，所以他们会专心从事农战。（民众）专心从事农战，那么力量就能凝聚，力量凝聚那么（国家）就强大。国家强大而且用来（对外作战），（国家）就强上加强。所以能够（通过农战）产生实力、又能够（通过作战）消耗实力，这样就称为攻打敌人的国家，必然强大。堵塞谋求私利的通道来困住人的私心，开启一扇门径来达成人们的欲望，使民众必须先做他们所厌恶的事情，再达成他们的欲望，所以（国家）实力才雄厚。（国家）实力雄厚而不用于（对外作战），那么（民众）斗志止息，斗志止息那么（民众）就有私利，有私利那么（国家）就弱小。所以能够（通过农战）生成实力而不能够（通过作战）消耗实力，这样就称为攻打自己的国家，必然削弱。所以说："称王天下的国家不储存力量，（百姓）不囤积粮食。"国家不储存力量，是指使用民众的力量；百姓不囤积粮食，是指国君把粮食统一储藏在官仓了。

注释

1 **德**：恩惠，恩情。

2 **欲有六淫，恶有四难**：六淫，即六虱，是《去强》篇中所说的六种弊害。四难，根据本篇文意，指务农、力战、出钱、告奸。

3 **从:**做,从事。

4 **刑于九而赏出一:**九,虚数,意谓多。一,唯一,即农战。"赏出一",即"赏出于一",即《农战》篇的"上利之从一孔出"。

5 **抟:**凝聚。

6 **穷其志:**意思为使人们私心不得伸展。穷,困住。志,指私心。

7 **志穷则有私:**志,斗志,勇气。穷,止,息。私,私利。

原文

国治:断家王[1],断官强,断君弱。重轻刑去,常官则治。[2]省刑要保,赏不可倍也。[3]有奸必告之,则民断于心。上令而民知所以应,器成于家而行于官,则事断于家。故王者刑赏断于民心,器用断于家。治明则同,治暗则异。同则行,异则止。行则治,止则乱。治则家断,乱则君断。治国者贵下断,

译文

国家治理(有以下情况):(是非)在家庭中就可决断的(国家),可以称王天下;(是非)在官吏那里决断的(国家)可以强大;(是非)在国君那里才可决断的(国家)会弱小。用重刑于轻罪,刑罚就可以去除,依照法规授予官职那么(国家)就能治理好。减少刑罚,就要在民众中建立什伍制度,对那些应该行赏的人不可失信。出现奸邪必然告发,乃因为民众心中能判断是非。国君发布法令而民众知道怎样响应,器物在家里制成,官府准许通行,那么事情在家里就决断了。所以称王天下的(国家)刑罚和奖赏在民众心中有决断,器物在家里制造。治理明确那么(国家上下意见)就一致,治理昏暗那么(国家上下意见)就相异。意见一致那么法令可贯彻执行,意见相异那么法令停滞。法令执行那么(国家)就会治理好,法令停滞那么(国家)就会混乱。(国家)治理得好乃家里就可决断,(国家)混乱乃由君主决断。治理国家的举措贵在于由下面的民众决断,所以在十里村落内决断的(国家)就弱小,在五里村落内决断的(国家)就强大。家中就能决断那么办事

故以十里断者弱，以五里断者强。家断则有余，故曰："日治者王。"官断则不足，故曰："夜治者强。"君断则乱，故曰："宿[4]治者削。"故有道之国，治不听君，民不从官。[5]

时间就有余，所以说："白天就可以处理完政事的国家就能称王天下。"官吏决断那么办事时间就不够，所以说："夜晚可以处理完政事的国家就强大。"君主决断那么办事就混乱，所以说："过夜后才能处理完政事的国家就削弱。"因此依法遵循道义的国家，（官吏）处理事务不必听从君主，民众处理事务不必听从官吏。

注释

1 **断家王**（wàng）：断家，即断于家。断官、断君同。断，决断。家，家族，家庭。王，称王天下。

2 **重轻刑去，常官则治**：重，动词，这里是用重刑的意思。轻，名词，指轻罪。常官，见《农战》篇"常官则国治，壹务则国富"，是依法授官的意思。

3 **省**（shěng）**刑要**（yāo）**保，赏不可倍也**：省，减少，减轻。要保，指建立什伍制度，使人民互相约束监视，互相担保。倍，犹"背"，违背，失信。

4 **宿**：过一晚的意思。

5 **治不听君，民不从官**：从，与"听"对文同义。因为官吏、民众有法可依，可自己根据法律来裁断，所以官吏不必听从君主，民众不必听从官吏。

算地第六

导读

算地，就是计算土地。虽然篇名为《算地》，但其主旨是论述作者的农战主张和刑赏思想。文章开篇直接指出土地、人口与国家强弱的关系，接着阐述了农耕和作战的关系及重要性，即农耕的成败直接关系到兵力的强盛与否；农耕能增加国家财富，使兵力强大威慑他国，所以要将百姓牢牢捆绑在土地上，这是国家强盛之本。接着作者论述了以刑赏治国的理论依据和必要性，即人性趋利避害、好逸恶劳，所以唯有以刑赏方式治理民众才是上策。贤能的君主治国都是以此使君子、小人各司其职，各尽其力。正是刑赏的治国方法，才能使农战政策顺利实施，从而使国家强大。

原文

凡世主之患，用兵者不量[1]力，治草莱者不度[2]地。故有地狭而民众者，民胜[3]其地；地广而民少者，地胜其民。民胜其地，务开[4]；地胜其民者，事徕[5]。开则行倍。[6]民过地则国

译文

世代国君的祸患都在于，用兵打仗不衡量兵力，治理荒地不丈量土地。所以出现土地狭小而人民众多，人民（数量）超过土地（面积）的情况；或者出现土地广阔而人民数量少，土地（面积）超过人民（数量）的情况。人民数量超过土地，就致力于开辟（土地）；土地面积超过人民数量，就从事于招徕（民众）。开辟土地那么军队就要加倍扩充。人民数量超过土地，那么国家粮食收入少而兵力不足；土地面积超过人民数量，那么山林湖泊的资源未被充分使用。丢弃自然资源依顺

功寡而兵力少[7],地过民则山泽财物不为用[8]。夫弃天物遂民淫者,世主之务过也;而上下事之,故民众而兵弱,地大而力小。故为国任地者[9],山林居什一,薮[10]泽居什一,溪谷流水居什一,都邑蹊道居什四[11]。此先王之正律也。故为国分田数小[12]。亩五百足待一役,此地不任也。方土百里,出战卒万人者,数小也。此其垦田足以食其民,都邑遂路足以处其民;山林薮泽溪谷足以供其利,薮泽堤防足以畜,故兵出粮给而财有余,兵休民作而畜长[13]足。此所谓任地待役之律也。

民众淫逸,是当世君主犯的过错;但是从上到下都这么做,所以人民众多而兵力却弱,土地广阔而实力却小。古代治理国家的国君利用土地的比例是:山地森林占十分之一,湖泊沼泽占十分之一,山涧河流占十分之一,城镇道路占十分之一,坏田占十分之一,好田占十分之四。这是古代帝王的正确法规。古时候治理国家,分田人数小(于所提供的田地数量)。土地五百亩足以应对一次战役,这是地力没有充分使用。土地方圆百里,能派出兵士一万人,(是因为)人数少(于土地数)。这样开垦田地足以养活那里的民众,城市、乡村、道路足够民众居住,山地、森林、湖泊、沼泽、山谷足够供应民众物资,湖泊、沼泽的堤坝足够积蓄水源。因此,军队出征作战,粮食供应充足且财力有余;军队休整,民众从事农耕且积蓄增长。这就是所说的使用地力供给作战的法规。

注释

1 **量:**衡量。

2 **度:**丈量。

3 **胜:**超过。

4 **务开:**务,从事于,致力于。开,开辟,开垦。这里指开辟土地。

5 **事徕(lái):**事,从事。徕,招致,招徕。这里指招徕民众。

6 **开则行(háng)倍:**开,开辟,开垦。行,指军队。倍,等量增加。

7 **民过地则国功寡而兵力少:**过,超过。功,功绩,功劳。少,不足,缺乏。

意思是因为地少人多，国家粮食资源消耗得多，影响了国家的经济收入，也影响到了兵力的扩充。

8 **地过民则山泽财物不为用：**土地广阔，由此而生产出的资源众多，超过了数量少的人民的需求，所以资源被弃于山地、湖泊而不用。

9 **故为国任地者：**故，古代，古时候。任，禁受，承当。

10 **薮(sǒu)：**水少而草木茂盛的沼泽。

11 **都邑蹊(xī)道居什四：**"都邑蹊道"下有缺文，据《徕民》篇补为："都邑蹊道居什一，恶田居什一，良田居什四。"本篇根据补文翻译。蹊，路也。

12 **数小：**人数少。

13 **长：**滋长，增长。

原文

今世主有地方数千里，食不足以待役实仓，而兵为邻敌[1]，臣故为世主患之。夫地大而不垦者，与无地同；民众而不用者，与无民同。故为国之数[2]，务在垦草；用兵之道，务在壹赏。私利塞于外，则民务属[3]于农。属于农则朴，朴则畏令。私赏禁于下，则民力抟于敌。抟于敌则胜。奚以知其然也？夫民之情，朴则生劳而易力[4]，穷

译文

当今的国君拥有土地方圆数千里，粮食却不足以供给作战、装满粮仓，而军队不敢接近敌人，所以我为国君担忧。土地广阔却不开垦，与没有土地相同；人民众多却不使用，与没有人民相同。所以治理国家的方法，必须是开垦荒地；用兵的方法，必须是统一奖赏。堵住民众在农战之外的途径获得私利，那么民众必须依附于农业。依附在农业上，那么（农民）就朴实，（农民）朴实那么就畏惧法令。禁止下面（的臣子）私下获得奖赏，那么人民的力量就会集中对敌。集中对敌就会胜利。何以知道是这样的呢？人之常情是，朴实就勤于劳动而以使用力气为易，贫穷那么就会产生智谋而权衡利益。（农民）以使用力气为易那么就会畏惧法令而以吃苦为易，（战士）权衡利益就会轻视死亡而乐于被使用。以吃苦为易就会穷尽地力，

则生知而权利。易力则轻死而乐用，权利则畏法而易苦。[5]易苦则地力尽，乐用则兵力尽。夫治国者能尽地力而致民死者，名与利交至[6]。民之性，饥而求食，劳而求佚，苦则索乐，辱则求荣，此民之情也。民之求利，失礼之法；求名，失性之常。奚以论其然也？今夫盗贼上犯君上之所禁，而下失臣子之礼，故名辱而身危，犹不止者，利也。其上世之士，衣不暖肤，食不满肠，苦其志意，劳其四肢，伤其五脏，而益裕广耳[7]，非生之常也，而为之者，名也。故曰："名利之所凑，则民道之。"[8]

乐于被利用就会穷尽兵力。治理国家的君主能够穷尽地力而使百姓为之牺牲，那么名声和利益就会一起来到。人的本性是，饿了就寻找食物，累了就寻求安逸，痛苦了就索求快乐，屈辱了就追求荣耀，这是人之常情。民众对利益的追求，会违背礼法的规定；对名誉的追求，会违背人的正常本性。何以知道是这样的呢？当今盗贼对上触犯君主所禁止的，对下违背臣子的礼法，因此名声受辱而且生命危险，(他们)仍然不停止，(是因为)利益。那些古代的士人，衣不暖身，食不果腹，使自己的意志困苦，劳累自己的四肢，损伤自己的五脏，然而(他们却)越发胸怀宽广，这不是正常的本性，这样做，(是因为)名誉。所以说："名誉和利益聚集的地方，就是民众遵从的地方。"

注释

1 **邻敌：**邻，通"遴"，行难也。遴敌，意思是不敢接近敌人。

2 **数：**方法，方针。

3 **属(zhǔ)：**附着，触到。

4 **朴则生劳而易力：**劳，劳作，劳动。易力，以出力气为容易之事。易，以……为易。

5 **易力则轻死而乐用，权利则畏法而易苦：**此句当作"易力则畏法而易苦，权利则轻死而乐用"。因为前句"属于农则朴，朴则畏令"，这里的"畏法"即"畏令"。这里的"易苦"，正是下句的"易苦则地力尽"。所以"易力则畏法而易苦”是指农民,而“权利则轻死而乐用”是指战士。因为这里说的“乐用”,是下文所说的“乐用则兵力尽”。本文依照改动的文句翻译。

6 **名与利交至:**交,并,一起。至,来到。

7 **益裕广耳:**益,日益,越发。裕,宽容。耳,闻听的意思。

8 **名利之所凑,则民道之:**凑,聚集。道,由,从。

原文

主操名利之柄而能致功名者,数也。圣人审权以操柄,审数以使民。数者,臣主之术而国之要也。故万乘失数而不危,臣主失术而不乱者,未之有也。今世主欲辟地治民而不审数,臣欲尽其事而不立术,故国有不服之民,主有不令之臣。故圣人之为国也,入令民以属农,出令民以计战。夫农,民之所苦;而战,民之所危也。犯[1]其所苦,行其所危者,计也。故民生则计利,死则虑名,名利之所出[2],不可不审也。利出于地,则民尽力;名出于战,则民致

译文

君主掌握着名利的权柄而能够获得功名的原因,是因为治国方法。圣人明悉权力而能掌握权柄,熟知方法而能役使民众。治国方法是臣子和君主的治国策略,是(治理)国家的关键。所以万乘之国违背治国方法而不危险的,臣子和君主违背治国策略而不混乱的,从未有过。当今君主想开辟土地治理民众,却不明悉治国方法,臣子想完成事情而不确立策略,所以国家有不服从的民众,君主有不听令的臣子。所以圣人治理国家,对内使民众依附于农业,对外使民众依计谋作战。农耕,民众认为是辛苦之事;作战,民众认为是危险之事。(民众)冒着困苦做自己认为辛苦的事情,做着自己认为危险的事情,这是一种(利害的)计算。所以民众活着时就谋划着利益,死去时就考虑着名声,名利出现的地方,不可不慎重。利益在土地中产生,那么民众就会穷尽力气;名声在作战中产生,那么民众就会致力于牺牲。对内使民众穷尽力气,那么土地就不会荒

死。入使民尽力，则草不荒；出使民致死，则胜敌。胜敌而草不荒，富强之功可坐而致也。

芜；对外使民众致力于牺牲，那么就会战胜敌人。战胜敌人而且土地不荒芜，（使国家）富强的功劳就可以轻而易举获得。

注释

1 **犯**：冒着。

2 **出**：出现，显露。

原文

今则不然，世主之所以加务者[1]，皆非国之急也。身有尧、舜之行，而功不及汤、武之略[2]者，此执柄之罪也。臣请语其过：夫治国舍势而任说说[3]，则身修而功寡。故事[4]《诗》《书》谈说之士，则民游而轻其君；事处士，则民远而非其上；事勇士，则民竞而轻其禁；技艺之士用，则民剽[5]而易徙；商贾之士佚且利，则民缘而议其上。故五民加于国用，则田荒而兵弱。谈说之士资[6]在于口，处士资在于意，勇士资在

译文

当今却不是这样，君主所施加的事情，都不是国家的紧急（事务）。他们身上有尧、舜的德行，然而功绩却不及汤、武所取得的，这是执掌权柄的过错啊。请让我说说其中的过错：治理国家舍弃权势而听凭和喜欢空谈，虽然道德修养很高却功绩少。所以任用学习《诗》《书》崇尚谈说的士人，民众就游荡而且轻视自己的君主；任用隐逸的士人，民众就远离（朝廷）而且非议自己的君主；任用勇士，民众就好争斗而轻视国家禁令；任用拥有技艺的人，民众就轻浮而容易迁徙；从商的人安逸而且得利，民众就会依附他们而且议论君主。所以国家任用这五种民众，田地就会荒芜而且兵力削弱。空谈的士人凭借的是口齿，隐逸的士人凭借的是意志，勇士凭借的是勇气，拥有技艺之人凭借的是手，经商之人凭借的是身体，所以天下都是（他们）的家宅，因为他

于气，技艺之士资在于手，商贾之士资在于身，故天下一宅而圜[7]身资。民资重[8]于身，而偏[9]托势于外，挟重资，归偏家，尧、舜之所难也。故汤、武禁之，则功立而名成。

们凭借的资本就在自己身上，随身携带着。民众凭借的资本在自己身上增加，那么在外就能到处托身于有势力的地方。携带重要的凭借，以四海为家，尧、舜那样的圣君也难以治理（他们）。所以商汤王、周武王禁止了这些情况，功业就建立了，名声也成就了。

注释

1 **加务者**：加，施加。务，事情。

2 **略**：取得，获得。

3 **任说（yuè）说**：任，听凭。第一个"说"，通"悦"，喜欢的意思。第二个"说"，指空谈。

4 **事**：任用。

5 **剽（piāo）**：轻浮。

6 **资**：凭借。这里的意思即我们现在所说的"资本"。

7 **圜（huán）**：环绕，这里指随身携带的意思。

8 **重**：加重，增加。

9 **偏**：普遍。

原文

圣人非能以世所易胜其所难也，必以其所难胜其所易。故民愚则知可以胜之，世知则力可以胜之。臣[1]愚则易力而难巧，世巧则易知而难力。故神农教耕而

译文

圣人不能用世上容易做到的来打败难以做到的，必须用难以做到的来打败容易做到的。所以民众愚昧，那么聪明可以制服他们；世人聪明，那么武力可以打败他们。民众愚蠢那么就会以（使用）力气为易而以智巧为难，世人智巧那么就会以聪明为易而以使用力气为难。所以神农教（人们）耕种而

王，天下师其知也；汤、武致强而征，诸侯服其力也。今世巧而民淫，方效汤、武之时，而行神农之事以随世禁[2]，故千乘惑乱。此其所加务者过也[3]。民之生[4]，度而取长，称而取重，权而索利。明君慎观三者，则国治可立而民能可得。国之所以求民者少，而民之所以避求者多。入使民属于农，出使民壹于战。故圣人之治也，多禁以止能，任力以穷诈，两者偏用，则境内之民壹。[5]民壹则农，农则朴，朴则安居而恶出。故圣人之为国也，民资藏于地，而偏托危于外[6]。资于地则朴，托危于外则惑，民入则朴，出则惑，故其农勉而战戢[7]也。民之农勉则资重，战戢则邻危。资重则不可负而逃，邻危则不归于无资。归危外托，

得以称王，天下人都学习他的智慧；商汤王、周武王强大而后征战，诸侯们都屈服于他们的武力。现在世人智巧而且民众淫逸，正是仿效商汤王、周武王的时候，然而却做神农的事情来附和世人的喜好，所以千乘之国迷惑且混乱。这是做的事务错了的缘故。民众的本性，量度长短时取长的，称重时取重的，权衡利弊时选择有利的。贤明的君主慎重地观察这三种情况，那么国家的治理原则就可确立，民众的才能就可得到利用。国家要求于民众的少，然而民众逃避要求的却多。在内役使民众依附农耕，对外役使民众专心作战。因此圣贤的人的治理方法是，禁止民众避求的多而留住他们的才能，使用（他们的）力气来止息奸诈，这两个方法都用，那么国内民众就会专一于农战。民众专一那么就会从事农耕，从事农耕（人）就朴实，人朴实那么就会安心于家宅而讨厌外出。所以圣人治理国家，使民众藏身于土地，而较少外出托身于危险之中。（民众）凭借于土地就朴实，外出托身于危险之中就会迷惑，民众在内朴实，在外迷惑，所以他们就会在农耕上勤勉，在作战上聚集力量。民众勉力于农耕那么资财就会增加，聚集力量作战那么邻国就危险。资财增加那么就不适宜背负东西逃跑，邻国危险那么就不会依附于不能凭借的国家。趋附危险、寄托在外，那

原文	译文
狂夫之所不为也。故圣人之为国也，观俗立法则治，察国事本则宜。不观时俗，不察国本，则其法立而民乱，事剧[8]而功寡。此臣之所谓过也。	是疯子也不会做的。因此圣人治理国家，观察风俗确立法度就治理得好，考察国家从事根本之业那么就治理适宜。不观察当时的风俗，不考察国家的根本，即使法度确立民众也会混乱，事务繁忙而功绩鲜少。这就是我所说的过失啊。

注释

1 **臣：**为“民”字之误。

2 **行神农之事以随世禁(jīn)：**随，附和。禁，愿意，喜爱。

3 **所加务者过也：**加，施加，施行。务，事务，事情。过，过错。

4 **生：**同“性”，天性，本性。

5 **多禁以止能，任力以穷诈，两者偏用：**止，留住。穷，止，息。偏，普遍。

6 **偏托危于外：**偏，少。托，寄托。危，险也。托危，是于危险之地作客的意思。

7 **戢(jí)：**训“聚”，聚集的意思。

8 **剧：**繁多，繁忙。

原文	译文
夫刑者所以夺禁邪也，而赏者所以助禁也。羞辱劳苦者，民之所恶也；显荣佚乐者，民之所务[1]也。故其国刑不可恶，而爵禄不足务也，此亡国之兆也。刑人复漏[2]，则小人辟淫而不苦[3]刑，	刑罚是用来禁止奸邪的，而奖赏是用来辅助禁止奸邪的。羞耻、屈辱、劳累、痛苦，是人们所厌恶的；显贵、荣耀、安逸、快乐，是人们所追求的。所以(如果)国家的刑罚不令人憎恶，官爵俸禄不值得追求，这乃是亡国的征兆。(如果)应受刑罚的人被掩藏或漏网，地位低微卑劣的人就会邪僻放纵而不担心遭受刑罚，且会对君主存有侥幸心理，对君主存有侥幸心理就会追求利益。获取显贵、荣耀的

则侥幸于民上，侥于民上以利求。显荣之门不一，则君子事势以成名。小人不避其禁，故刑烦。君子不设其令，则罚行。[4]刑烦而罚行者国多奸。则富者不能守其财，而贫者不能事其业，田荒而国贫。田荒则民诈生，国贫则上匮赏。故圣人之为治也，刑人无国位，戮人无官任。刑人有列，则君子下其位；衣锦食肉，则小人冀其利。君子下其位，则羞功；小人冀其利，则伐[5]奸。故刑戮者，所以止奸也；而官爵者，所以劝功也。今国立爵而民羞之，设刑而民乐之，此盖法术之患也。故君子操权一正以立术[6]，立官贵爵以称之，论荣举功以任之，则是上下之称平。上下之称平，则臣得尽其力，而主得专其柄。

门径不一，有地位有道德的人就会攀附权势来成就名声。小人不回避国家的禁令，所以刑罚繁多。君子不用法令，那么罪行就流行。刑罚繁多而且罪行流行，国家就多奸诈。那么富有的人就不能守住自己的财产，贫穷的人就不能从事自己的工作，(致使)田地荒芜且国家贫穷。田地荒芜那么民众就会滋生奸诈，国家贫穷那么君主就会缺少赏赐的财物。因此，圣人的治理是，受刑的人没有国家的爵位，犯罪的人没有官职。(如果)受刑的人有爵位，那么君子就会鄙视国家爵位；(如果犯罪的人)穿着华丽的衣服、吃着肉，那么小人就会企图得到国家的利禄。君子鄙视国家爵位，就会以立功为羞耻；小人企图得到国家的利禄，就会以奸诈来自我夸耀。所以刑罚杀戮是用来制止作奸犯科的；而官职爵位是用来鼓励建功立业的。如今国家设立爵位而民众以爵位为羞耻，设立刑罚而民众以刑罚为乐，这乃是法术的弊病。因此，君主操纵权力、统一政策法令来确立治国的方法，设置官职、重视爵位举荐适宜的人，评定荣耀、列举功劳任用适宜的人，那么君主和臣民之间就如称一般平衡了。上下如称一般平衡了，臣子就能够竭尽全力，君主就能够完全掌握国家的大权。

注释

1 **务：**力求，追求。

2 **刑人复漏：**复，掩藏。漏，漏网。

3 **苦：**忧虑，担心。

4 **君子不设其令，则罚行：**不设其令，意思是说不用法令。设，用。罚，罪行。行，流通，流行。

5 **伐：**自我夸耀。

6 **君子操权一正以立术：**一正，读作"一政"。

开塞第七

导读

开塞，即开启阻塞的道路，作者认为世人阻塞了顺势而为、应时而变的治国之路。本篇主旨是论证政治应该因应时代变化而改革的思想。开篇作者就提出了三世说，即上世、中世、下世，指出三世的社会发展状况不同，从而使不同时代的统治者们采取了不同的政治措施来治理社会，进而统一天下。虽然三世的君王们采取的治国原则和方法不同，但是他们有一个共通之处，就是顺势而为，不拘泥于古今。于是，在分析三代治国方略的差异，并再次论证他的顺势治国思想的正确性后，作者接着论述了当今治国的方略，即以法治国。作者层层递进，由群居混乱的人们需要君主，再到君主出现后需要法制维护，再说明法制需要落实才能真正使社会安定，由此提出他的刑罚主张和以法治国的理念。其中，他通过对"义"与"不义"的诠释和分析，试图向世人证明，受人喜欢的道义不能保有人们的安乐生活，唯有人们所厌恶的刑罚才会使人们最终走向正常生活。这篇文章立论深刻、论述充分，不仅从社会历史演变的角度清晰地论述了政治改革的必要性和必然性，同时，还以逆向思维方式推导论证法制取代道义治国的合理性和唯一性。

原文

天地设而民生之。当此之时也，民知其母而不知其父，其道亲亲而爱[1]私。亲亲则别，爱私则险[2]，民众，而以别险为务，则民乱。当此时也，民务胜而力征[3]。务胜则争，力征则讼[4]。讼而无正，则莫得其性[5]也。故贤者立中正，设[6]无私，而民说仁[7]。当此时也，亲亲废，上[8]贤立矣。凡仁者以爱为务，而贤者以相出为道[9]。民众而无制，久而相出为道，则有[10]乱。故圣人承之，作为土地货财男女之分。分定而无制，不可，故立

译文

天地形成后人类就产生了。在这个时候，人们只知道自己的母亲却不知道自己的父亲，处世原则是亲近亲人而且重视私利。亲近自己的亲人就会区别亲疏，重视私利就会萌生奸险，民众以亲疏、奸险为事，那么就会混乱。在这个时候，人们致力于制服（对方）并且竭力争夺（财物）。致力于制服就会相争，竭力争夺就会发生争辩。争辩是非而没有规范标准，就不能得到（正常的）生活。所以，贤明的人设立公正的标准，施行无私，人们就会喜欢仁爱。在这个时候，亲近亲人的观念被废除，尊崇贤者的观念确立起来。一般仁爱的人都以爱护（他人）作为自己的事务，而贤能的人则以观察提拔（他人）作为自己的原则。百姓众多又没有制度，长久以观察提拔作为方法原则，就会再次混乱。所以圣人顺应时势，规定了土地、货财、男女的名分。名分确定却没有制度，不行，所以建立了禁令。禁令确立了而无人掌管，不行，所以设立官职。官职设立了而没有统一管理，不行，所以设立了君主。既然设立了君主，那么尊崇贤能的观念被废除而尊敬权贵的想法形成。这样看来，上古之世（人们）亲近亲人且重视私利，中古之世（人们）尊崇贤能且喜欢仁爱，近世（人们）尊敬权贵且尊重

禁。禁立而莫之司，不可，故立官。官设而莫之一，不可，故立君。既立君，则上贤废而贵贵立矣。然则上世亲亲而爱私，中世上贤而说仁，下世贵贵而尊官。上贤者，以道相出也；而立君者，使贤无用也。亲亲者，以私为道也；而中正者，使私无行也。此三者非事相反也，民道弊而所重易也，世事变而行道异也，故曰：王道有绳[11]。

官吏。尊崇贤能的（时代），遵照原则来观察提拔（他人）；而设立君主的（时代），任用贤者的原则不适用了。亲近亲人的（时代），是以私情为处世原则；而公正的标准的（时代），任用私情的原则就不能通行了。这三个时代不是行事相反，而是人们处世原则出现弊端，因而所重视的（事情）就发生了改变；时代形势变化了，因而奉行的原则也不同了，所以说：统治天下的原则是有法则的。

注释

1 **爱：**重视。

2 **险：**奸险，阴险。这里作动词，是萌生奸险的意思。

3 **民务胜而力征：**务，力求，追求。胜，制服。征，争。

4 **讼：**争辩是非。

5 **性：**生活习惯。

6 **设：**施行。

7 **民说仁：**说，同“悦”，喜悦的意思。仁，仁爱。

8 **上：**通“尚”，尊崇的意思。

9 **贤者以相出为道：**相，观察。出，提拔。

10 **有：**通“又”。

11 **绳：**法则，法度。

原文

夫王道一端[1]，而臣道亦一端；所道则异，而所绳则一也。故曰：民愚则知可以王，世知则力可以王。民愚则力有余而知不足，世知则巧有余而力不足。民之生，不知则学，力尽而服。故神农教耕而王，天下师其知也；汤、武致强而征，诸侯服其力也。夫民愚，不怀知而问；世知，无余力而服。故以王天下者并[2]刑，力征诸侯者退[3]德。

译文

君主统一天下的原则是一个方面，而臣民辅佐君主治理天下的原则也是一个方面；（虽然）他们所遵循的原则不同，但是所遵循的法则是一致的。所以说：百姓愚蠢，（用）智慧就可以统治天下；世人聪明，（用）武力就可以统治天下。百姓愚蠢，便力气有余而智慧不足；世人聪明，便智巧多而力气不足。百姓的本性是，不聪明则学习，力气用尽了就顺从。所以神农教导（百姓）耕种而称王天下，天下人都学习他的智慧；商汤王、周武王强大而征伐（各国），诸侯们都屈服他们的武力。百姓愚蠢，胸中没有知识就询问（别人）；世人聪明，没有足够的力量就只能服从。因此，（以智慧）称王天下的人屏除刑罚，以武力征伐诸侯的人离弃德政。

注释

1 **端**：指事物的一个方面。

2 **并**：通“屏”，屏除的意思。

3 **退**：离去，弃去。

原文

圣人不法古，不修[1]今。法古则后于时，修今则塞于势。周不法商，夏不法虞。三代异势而

译文

圣人不效法古代，不拘守今世。效法古代就会落后于时代，拘守今世就会受困于时势。周朝不效法商朝，夏朝不效法虞舜时代。夏、商、周三代时势不同，却都可以称王天下。所以建立王业有途径，而保有王业的方法却不同。周武

皆可以王。故兴王有道，而持之异理。武王逆取而贵顺，争天下而上让。其取之以力，持之以义。今世强国事兼并，弱国务力守。上不及[2]虞、夏之时，而下不修[3]汤、武。汤、武塞，故万乘莫不战，千乘莫不守。此道之塞久矣，而世主莫之能废[4]也，故三代不四。非明主莫有能听也。今日愿启之以效。[5]

王以武力的方式夺取政权，却尊崇以顺从的方式（治理国家）；（用武力）争夺天下，却崇尚谦让。他取得政权用武力，保有政权用礼义。当今之世强国奉行（武力）兼并（他国），弱国从事于以武力防守。上不能继承虞、夏之时（以德政统一治国），下不能实行汤、武的政策（以武力征伐统一治国）。汤、武的政策行不通，所以拥有万辆兵车的大国没有不征战的，拥有千辆兵车的国家没有不防守的。这条（武力统一国家的）路被堵塞得久了，然而当世君主却没有人能够打开它，所以三代之后没有出现第四个（统一王朝）。不是英明的君主不能听进去（这番话）。今天我愿意陈述（这个道理的）功效。

注释

1 **修：**当作“循”。

2 **及：**继，继承。

3 **修：**实行。

4 **废：**通“发”，即开的意思。

5 **愿启之以效：**启，陈述。效，功效，成效。

原文

古之民朴以厚，今时民巧以伪。故效于古者先德而治，效于今者前刑而法。此俗之所惑也。今世之所谓义者，

译文

古代的人朴实而敦厚，现在的人巧诈而虚伪。所以古代有成效的（治国方法）是以德教为先来治理（民众），当今有成效的（治国方法）是以刑罚为先来实行法制。这是世俗人所疑惑的。当今之世所说的义，是设立

将立民之所好而废其所恶；此其所谓不义者，将立民之所恶而废其所乐也。二者名贸实易[1]，不可不察也。立民之所乐，则民伤其所恶；立民之所恶，则民安[2]其所乐。何以知其然也？夫民忧则思，思则出度[3]；乐则淫，淫则生佚[4]。故以刑治则民威[5]，民威则无奸，无奸则民安其所乐。以义教则民纵，民纵则乱，乱则民伤其所恶。吾所谓利[6]者，义之本也；而世所谓义者，暴之道也。夫正民者，以其所恶，必终[7]其所好；以其所好，必败其所恶。

人们所喜欢的而废除人们所厌恶的；所说的不义，是设立人们所厌恶的而废除人们所喜欢的。义与不义两者无论名称还是实质都颠倒了，对此不能不审视。设立人们所喜欢的，那么人们被自己所厌恶的伤害；设立人们所厌恶的，那么人们习惯自己所喜欢的。怎么知道是这样的呢？人们担忧就会思虑，思虑就会产生法度；喜乐就放纵，放纵就会产生放荡。所以，用刑罚治理那么人们就畏惧，人们畏惧就没有奸邪，没有奸邪那么人们就会习惯他们所喜欢的东西。用道义教导那么人们就放纵，人们放纵就会作乱，作乱人们就被自己所厌恶的东西伤害了。我所说的刑罚，乃是道义的根本；而世人所说的道义，乃是暴乱的道路。治理百姓的人，用百姓所厌恶的东西（治理他们），必然最终得到他们所喜好的东西；用百姓所喜好的东西（治理他们），必然被他们所厌恶的东西损害。

注释

1 **名贸实易：**“贸”与“易”同义，是交换的意思。这句话是说“义”与“不义”无论名称和实质都交换了过来，是颠倒的。

2 **安：**习惯。

3 **思则出度：**出，产生。度，法度，制度。

4 **佚：**放荡。

5 **威：**通“畏”，畏惧的意思。

6 **利：**乃“刑”字之误。

7 **终**:完成。

原文

治国刑多而赏少。故王者刑九而赏一,削国赏九而刑一。夫过有厚薄,则刑有轻重;善有大小,则赏有多少。此二者世之常用也。刑加于罪所终,则奸不去;赏施于民所义,则过不止[1]。刑不能去奸而赏不能止过者,必乱。故王者刑用于将过,则大邪不生;赏施于告奸,则细过不失[2]。治民能使大邪不生,细过不失,则国治。国治必强。一国行之,境内独治。二国行之,兵则少寝[3]。天下行之,至德复立。此吾以杀刑之反于德而义合于暴也。

译文

治理得好的国家刑罚用得多而奖赏用得少。所以称王天下的国家刑罚占十分之九,而奖赏占十分之一;削弱的国家奖赏占十分之九,而刑罚占十分之一。罪过有大有小,那么刑罚就有重有轻;善行有大有小,那么奖赏就有多有少。这两者是世人常用的。刑罚施加在犯罪之后,那么奸邪就不会去除;奖赏施用于人们的义举之前,那么过错就不会消灭。刑罚不能去除奸邪且奖赏不能消灭过错的(国家),必然大乱。所以称王天下的(国家),刑罚用在罪过将要发生的时候,那么大的罪恶就不会发生;奖赏施用在告发奸邪的行为上,那么细小的过错就不会遗漏。治理民众能使大的罪恶不发生,小的过错不遗漏,那么国家就治理得好。国家治理得好就必然强盛。一个国家施行这种做法,国内能够独自治理好。两个国家施行这种做法,战争就可以稍微止息了。天下都施行这种做法,那么最高的道德就会重新建立起来。这是我以杀戮、刑罚能转化为道德而道义(反而)合乎暴乱的(观点)。

注释

1 **止**:消灭,去除。

2 **失**:遗漏,遗忘。

3 **兵则少寝：**兵，战争。少，稍微。寝，止息。

原文

古者民藂[1]生而群处，乱，故求有上也。然则天下之乐有上也，将以为治也。今有主而无法，其害与无主同；有法不胜其乱，与不法同。天下不安无君而乐胜其法，则举世以为惑也。夫利天下之民者莫大于治[2]，而治莫康[3]于立君。立君之道，莫广于胜法[4]。胜法之务，莫急于去奸。去奸之本，莫深于严刑。故王者以赏禁，以刑劝，求过不求善，借[5]刑以去刑。

译文

古代人们聚集在一起群居，秩序混乱，所以要求有一个首领。然而天下之人愿意有首领，是为了（让他）治理天下。当今有君主而没有法制，它的危害与没有君主相同；有法制却不能制止社会混乱，和没有法制相同。天下人不乐意没有君主，却喜欢逾越他的法律约束，那么全世界的人都会感到迷惑。最有利于天下百姓的（事情）就是社会安定，而治理社会最好的办法就是设立君主。设立君主的原则，没有比施行法制更广大的了。施行法制的行为，没有比去除奸邪更为急迫的了。去除奸邪的根本，没有比严厉的刑罚更深入的了。所以称王天下的人用奖赏来禁止（人们犯罪），用刑罚来劝诫（人们守法），责求过错而不责求善行，凭借刑罚来去除刑罚。

注释

1 **藂**(cóng)：同“丛”，聚集、集中的意思。

2 **治：**社会安定，太平。

3 **康：**治理。

4 **莫广于胜法：**广，广大。胜，施行。

5 **借：**凭借，依靠。

壹言第八

导读

本篇论述的中心内容，开篇第一句话就点明了，作者从制定制度、建立法制、处理国事、实施国事的根本四个方面来阐发其治国思想。从治国基础来看，无论是制度的制定，还是法制的建立，都是为了树立国家和君主的权威，使民众服从、顺从；从治国的具体措施来说，无论是用刑赏治理民众，还是使民众专一于农战，最终都是为了充分使用民力，使国家强盛，其中遵循的原则就是因时而为、顺民情而治。

原文

凡将立国，制度[1]不可不察也，治法不可不慎[2]也，国务不可不谨也，事本不可不抟也。制度时则国俗可化而民从制，治法明则官无邪，国务壹则民应用[3]，事本抟则民喜农而乐战。夫圣人之立法化俗而使民朝夕从事于农也，不

译文

凡是要建立国家，制定制度不能不明察，制定法令不能不重视，（处理）国家事务不能不严谨，（对待）国事的根本不能不集中专一。制定的制度合于时宜，那么国家的风俗就能改变而且民众会服从制度；制定的法令明晰那么官吏就会正直；国家的事务统一，那么民众就会接受任用；国事的根本集中专一，那么民众就会喜欢农耕而乐意作战。圣人建立法制、改变风俗来使民众终日从事于农耕，（对此）不能不知道。民众服从（农战）事务、固守制度，是因为君主设立的荣誉称号、设置的赏罚制度都

可不知也。夫民之从事死制也，以上之设荣名、置赏罚之明也。不用辩说私门[4]，而功立矣。故民之喜农而乐战也，见上之尊农战之士而下辩说技艺之民，而贱游学之人也。故民壹务，其家必富而身显于国。上开公利而塞私门[5]，以致民力；私劳不显于国，私门不请于君[6]，若此而功臣劝，则上令行而荒草辟，淫民止而奸无萌。治国能抟民力而壹民务者强，能事本而禁末者富。

很明确。不用巧言辩说、依附权贵，就能够建功立业。所以民众喜欢农耕而且乐意作战，是因为看见君主尊重（从事）农耕和作战的人，轻视巧言辩说和从事技艺的人，并且轻贱游说讲学的人。所以民众专一从事（农耕和作战），他的家庭必然富裕起来并且自身也会在国家中显贵起来。君主开启公家利益的门径且堵住私人利益的门径，来获得民众的力量；私人（取得的）功劳在国家得不到显扬，（取得的）私利在君主那里得不到领受，如果这样，（国家）的有功之臣就会受到鼓励，君主的法令就能贯彻执行而荒地能够被开垦，游荡的民众就会消除而奸邪就不会萌生了。治理国家能够凝聚民众的力量、集中于农战，就会强盛；能够从事农业而且限制商业和手工业，就会富裕。

注释

1 **制度：**制，制定；度，法度，制度。

2 **治法不可不慎：**治，制定；慎，重视。

3 **应用：**应，接受，应承。用，使用，任用。

4 **私门：**指只顾全自身利益而不顾国家利益的权贵家族。私，家臣；门，家族。

5 **上开公利而塞私门：**“公利”与“私门”相对，所以这里的“私”是私利，“门”是门径的意思。

6 **私劳不显于国，私门不请**(qíng)**于君：**显，显扬。请，领受。

原文

夫圣人之治国也，能抟力，能杀[1]力。制度察[2]则民力抟，抟而不化则不行[3]，行而无富则生乱。故治国者，其抟力也以富国强兵也，其杀力也以事敌劝民也[4]。夫开而不塞则短长[5]，长而不攻则有奸。塞而不开则民浑[6]，浑而不用则力多。力多而不攻则有奸虱[7]。故抟力以壹务也，杀力以攻敌也。治国者贵民壹，民壹则朴，朴则农。农则易勤，勤则富。富者废之以爵，不淫；淫者废之以刑而务农。故能抟力而不能用者必乱，能杀力而不能抟者必亡。故君知齐[8]二者，其国强；不知齐二者，其国削。

译文

圣人治理国家，能够凝聚力量，能够消耗力量。制定的制度详明那么民众的力量就会凝聚，凝聚而不耗费那么（力量）就不流动，（力量）流动而没有使（民众）富裕起来就会产生动乱。所以治理国家的人，凝聚力量是为了富国强兵，消耗力量是为了刺杀敌人鼓励民众。开启而不堵塞（辩说、游学、技艺、商业取得利禄的门径），那么（人们的）智力就会增长，（智力）增长而不治理就会产生奸诈。堵塞而不开启（辩说、游学、技艺、商业取得利禄的门径），人们就会愚昧，愚昧而不使用力量就会强大。力量强大而不使用就会产生弊害。所以集中力量来专心从事（农战），消耗力量来攻打敌人。治理国家的君主以民众专一为贵，民众专一就朴实，朴实就会务农。务农就变得勤快，勤快就会富裕。（对）富裕的人用爵位使（他们的钱财）被舍弃，（富裕的人）就不会奢淫；（对）奢淫的人用刑罚使（他们的钱财）被舍弃，（他们）就会从事农耕。所以能够集中力量而不能使用的（国家）必然动乱，能够消耗力量而不能集中力量的（国家）必然灭亡。因此，君主知道调和这两者，那么国家就强盛；不知道调和两者，国家就削弱。

注释

1 **杀**(shài)**:**消耗。

2 **察:**分明,详明。

3 **抟而不化**(huā)**则不行:**化,用,耗费。行,运行,流动。

4 **其杀力也以事**(zì)**敌劝民也:**事,通“剚(zì)”,刺入。劝,鼓励。

5 **开而不塞则短长**(zhǎng)**:**短,“知”字之误,同“智”,智力的意思。这里的“开”“塞”是指开启或堵塞辩说、游学、技艺取得利禄的门径。

6 **浑:**愚昧。

7 **则有奸虱:**“力多而不攻则有奸虱”与前句“长而不攻则有奸”相对成文,所以“则有奸虱”中“奸”字乃是衍文。

8 **齐:**通“剂”,调和,调配。

原文

夫民之不治者,君道卑[1]也;法之不明者,君长乱[2]也。故明君不道卑不长乱也。秉权而立,垂法而法治,以得奸于上而官无不,赏罚断而器用有度。若此,则国制明而民力竭,上爵尊而伦徒举[3]。

译文

民众之所以没有治理好,(是因为)君主治理得弱势;法制之所以不明了,(是因为)君主统治过于任意。所以贤明的君主不会卑微地治理、不会任意地统治。国君执掌权力,垂示法则而以法治理(国家),能在上位而得知邪恶的情况,而官吏也不再(有邪恶的行为);赏罚(在臣民那里自己)可裁断,而器物用具(的制造使用)符合制度。像这样,那么国家(制定)的制度明晰而民众的力量就会被用尽,君主(赐予)的爵位尊贵而首领、士兵就会被发动。

注释

1 **君道卑:**意思是说君主没有权势,治理能力弱。道,治理。卑,卑微。

2 **君长乱:**长,统治,主宰。乱,任意,随便。

3 **伦徒举:**伦,首领。徒,步兵,士兵。举,发起,发动。

原文

今世主皆欲治民,而助[1]之以乱;非乐以为乱也,安其故而不窥于时也。是上法古而得其塞,下修令而不时移[2],而不明世俗之变,不察治民之情,故多赏以致刑,轻刑以去[3]赏。夫上设刑而民不服,赏匮而奸益多,故民之于上也先刑而后赏[4]。故圣人之为国也,不法古,不修今,因[5]世而为之治,度俗而为之法。故法不察民之情而立之,则不成;治宜于时而行之,则不干[6]。故圣王之治也,慎为察务[7],归心于壹而已矣[8]。

译文

当今君主们都想治理好民众,却增添了混乱;并不是乐意使之混乱,而是习惯旧习而没有窥察到时势(的变化)。这样,向上效法古代而在今天却行不通,向下实行法令而不根据时势改变,不明白世俗的变化,不了解治下民众的情况,因此奖赏过多而招致了刑罚,减轻刑罚又使奖赏无用。君主设置刑罚而民众不服从,用尽奖赏而奸邪增多,所以民众对于君主(刑罚和奖赏的举措)是以触犯刑罚为先而摒弃奖赏。因此,圣人治国的方法是,不效法古代,不拘守今世,顺应时势来为国家制定政策,考察风俗来为国家建立法制。所以法制没有通过考察民情来建立,就不会成功;制定的政策与时势相适宜而施行,就不会触犯(民众)。所以圣明的君王的治理方法是,重视立法、考察时务,把中心集中于农战而已。

注释

1 **助:**增添。

2 **下修令而不时移:**修,实行。移,改变。

3 **去:**抛弃,除去。

4 **民之于上也先刑而后赏:**蒋礼鸿先生认为这句话的意思与《商君书·算

地》"刑人无国位，戮人无官任。刑人有列，则君子下其位；(戮人)衣锦食肉，则小人冀其利。君子下其位则羞功，小人冀其利则伐奸"相同。"羞功即后赏，伐奸即先刑。盖赏多则赏不足重，故民后之；刑轻则刑不足畏，故民犯刑以冀奸利。"(《商君书锥指》)本文采用此说。又，本段中"多赏以致刑，轻刑以去赏。夫上设刑而民不服，赏匮而奸益多"，再次说明了奖赏过多会导致奖赏失去作用，所以民众不仅不会受其激励，反而摒弃之；刑罚过轻，与触犯刑罚所获得的利益相比，不足以让人害怕，所以民众会以触犯刑罚为先。后，摒弃。

5 **因：**顺。

6 **干：**触犯，冒犯。

7 **慎为察务：**为，是"法"字之误，此句应为"慎法察务"。本句与开篇第一句"凡将立国，制度不可不察也，治法不可不慎也"相呼应。慎，重视。

8 **归心于壹而已矣：**归，集中于。心，中心，中央。

错法第九

导读

错法，施行法制的意思。本篇全文皆言治理国家的根本在于法制。作者着重从法制与赐予爵位奖赏的关系来论证说明法制的重要性。通过赐予民众爵位和奖赏能够使他们为君王、国家尽力效命，使得军队强大，国家强盛。然而赐予民众爵位和奖赏，必须要通过合法的途径才能够收到治理国家的效果，否则国家依然会混乱。因此，要使国家得到治理，需要通过具体的法律制度来落实，而不是凭借君王的个人喜好来肆意妄为。

原文

臣闻古之明君，错[1]法而民无邪，举事而材自练[2]，赏行而兵强，此三者，治之本也。夫错法而民无邪者，法明而民利之也。举事而材自练者，功分明。功分明则民尽力，民尽力则材自练。行赏而兵强者，爵禄之谓也。爵禄者，兵之实[3]也。是故人君之出[4]爵禄也道明，道明则国日强，道幽则国日削。故爵禄之所道，存亡之机[5]也。夫削国亡主，非无爵禄也，其所道过也。三王五霸[6]，其所道不过爵禄，而功相万者，其所道明也。是以明君之使其臣也，用必出于其劳，赏必加[7]于其功。功赏明则民竞于功。为国而能使其民尽力以竞于功，则兵必强矣。

译文

我听说古代的贤明君王施行法制，民众就没有奸邪；发动战事，（拳脚有力的）才能就开始练成；施行赏赐，军队就会强大。这三者，是治国的根本。施行法制，民众没有奸邪，是因为法令严明而民众认为有利于（自己）。发动战事，（拳脚有力的）才能开始练成，是因为功绩分明。功绩分明民众就会竭尽全力，民众竭尽全力（拳脚有力的）才能就开始练成。施行奖赏而军队强大，是因为爵位俸禄。爵位俸禄，是军队用作奖赏的物资。所以，国君拿出爵位俸禄的规则应明确，（拿出的）规则明确那么国家就会日益强大，（拿出的）规则隐蔽国家就会日益削弱。因此爵位俸禄的规则，乃是（国家）生死存亡的关键。削弱的国家、亡国的君主，并非没有爵禄，而是因为规则错了。三王五霸，所用的方法也只是爵禄，然而功效却是（其他君主的）万倍，（是因为）他们的规则是明确的。所以君主使用大臣的时候，重用他们，必定是出自他们的功劳，奖赏必定是嘉奖他们的功绩。按功行赏明了了，那么民众就会争着去立功。治理国家能够使民众竭尽全力来争着立功，那么军队必然强大。

注释

1 **错**:施行。

2 **举事而材自练**:举,发起,发动。事,根据下文"功分明则民尽力,民尽力则材自练",可推断"事"乃指战事、战争。材,才能。自,开始。练,练成。

3 **实**:财物,物资。这里指用作奖赏的财货与各种物质利益。

4 **出**:拿出,使出。

5 **机**:关键。

6 **三王五霸**:三王,一般指夏禹王、商汤王、周文王。五霸,有几种说法,一种说法是指齐桓公、晋文公、秦穆公、宋襄公、楚庄公,另一种说法是指齐桓公、晋文公、楚庄王、吴王阖闾、越王勾践。

7 **加**:通"嘉",嘉奖的意思。

原文

同列而相臣妾者[1],贫富之谓也。同实而相并兼者,强弱之谓也。有地而君,或强或弱者,乱治之谓也。苟有道里[2],地足容身,士民可致也。苟容市井[3],财货可聚也。有土者不可以言贫,有民者不可以言弱。地诚[4]任,不患无财;民诚用,不畏强暴。德明教行[5],则能以民之有为己用矣。

译文

地位相同的(人)而使(对方)成为奴隶,是因为贫富不同。财物相同的(国家)而使(对方)被兼并,是因为强弱不同。拥有土地而成为君主,有的强大,有的弱小,是因为治理的好坏不同。如果拥有道路、里巷,地方足够容纳人,民众就会到来。如果拥有集市、水井,钱财、货物就会积贮。拥有土地不能说贫穷,拥有民众就不能说弱小。地方确实被利用,就不用担心没有财物;民众确实被使用,就不用畏惧强权暴力。(君主的)奖赏明确、教令施行,就能将民众所拥有的力量为自己所使用。所以贤明的君主,能使用不是自己拥有的(财物),能役使不是自己的百姓。贤明的君主所重视的只是授予爵位使之符合事实,授予爵位符合事实,

故明主者，用非其有，使非其民。明主之所贵惟爵其实[6]，爵其实而荣显之。不荣，则民不急。列位不显，则民不事爵。爵易得也，则民不贵上爵。列爵禄赏不道其门，则民不以死争位矣。人君而有好恶[7]，故民可治也。人君不可以不审好恶。好恶者，赏罚之本也。夫人情好爵禄而恶刑罚，人君设二者以御民之志而立所欲焉。夫民力尽而爵随之，功立而赏随之，人君能使其民信于此如明日月，则兵无敌矣。

荣耀就显赫。（如果）不荣耀，民众就不急切于（获得爵位）。地位不显赫，民众就不追求爵位。爵位容易得到，民众就不重视君主赐予的爵位。位次、爵位、俸禄、奖赏不从正常的路径（给予），那么民众就不会以死来争夺地位。人生来就有喜好和厌恶，所以民众能够被统治。君主不能不考察（民众的）喜好和厌恶。喜好和厌恶，乃是奖赏和刑罚的根本。人本性喜好爵禄而厌恶刑罚，君主设置爵禄和刑罚来驾驭民众的志向，而建立（他们）想要的爵禄。民众竭尽全力，于是爵位跟随而来；建立功绩，于是赏赐跟随而来，君主能够使自己的百姓相信这一点，如同明了太阳和月亮一样，那么军队就无敌了。

注释

1 **同列而相臣妾者：**列，位次。臣，男奴。妾，女奴。这里的“臣妾”作动词使用。

2 **道里：**道，道路。里，里巷。

3 **苟容市井：**容，应为“有”字之误。市，集市。井，水井。古人因市场处必有水井，所以称市场为市井。

4 **诚：**确实。

5 **德明教行：**这里的“德”“教”具有法家自身的内涵，即蒋礼鸿先生所说的“赏以爵禄曰德，督以威刑曰教”。

6 **爵其实：**爵，作动词用，授予爵位。实，事实，实际。

7 **人君而有好恶：**当作“人生而有好恶”。下文“人情好爵禄而恶刑罚”乃是对此句的具体阐述。

原文

人君有爵行而兵弱者，有禄行而国贫者，有法立而乱者[1]，此三者，国之患也。故人君者，先便请谒而后功力[2]，则爵行而兵弱矣。民不死犯难而利禄可致也，则禄行而国贫矣。法无度数[3]而治日烦，则法立而治乱矣。是以明君之使其民也，使必尽力以规[4]其功，功立而富贵随之，无私德也，故教流[5]成。如此，则臣忠君明治著[6]而兵强矣。

译文

君主中有爵位颁行了而军队弱小的，有利禄施行了而国家贫穷的，有法制建立了而治理混乱的，这三种情况，是国家的祸患。因此，君主看重宠臣的请求而轻贱功劳和力量，那么爵位颁行了，军队也会弱小。民众不拼死冒险而可获得利禄，那么利禄施行了，国家也会贫穷。法制没有具体的制度条文而治理日益烦琐，那么法制建立了，治理也会混乱。所以，贤明的君主使用民众，使他们尽全力来谋求功劳，功劳建立了，富贵跟随而来，没有私下的奖赏，所以施行教令得以成功。这样，大臣忠诚，君主贤明，政绩显著，军队也会强大。

注释

1 **有法立而乱者：**依照下文“则法立而治乱矣”，这句话的“乱”字前当有“治”字，即应为“有法立而治乱者”。

2 **先便(pián)请谒(yè)而后功力：**先后，犹贵贱之意。“便”下当有“辟”字，此句应为“先事便辟请谒而后功力”，有《商君书·君臣》“或事便辟而请之”为证。便辟，善于阿谀奉承而得到君主宠爱的人。便，口才敏捷。辟，通“嬖”，逢迎，邀宠。谒，请求。

3 **法无度数：**度，法度，制度。数，法制。这里“度数”指具体的法律制度。

4 **规：**谋求，企求。

5 **流：**行。

6 **治著:**治,政绩。著,显著。

原文

故凡明君之治也,任其力,不任其德,是以不忧不劳而功可立也。度数已立而法可修[1],故人君者不可不慎己也。夫离朱见秋豪百步之外[2],而不能以明目易[3]人;乌获举千钧之重[4],而不能以多力易人。夫圣人之存体性,不可以易人,然而功可得者,法之谓也。

译文

因此,大凡贤明的君主治理(国家),使用(民众的)力量,而不使用(民众的)品德,所以他们不忧愁、不劳苦而功业就能够建立。具体的法律制度已经确立而能够实行,所以君主自己不能不谨慎。离朱能够看见百步之外极为细小的兽毛,却不能将好目力交换给别人;乌获能举起千斤重的东西,却不能将大力气交换给别人。圣人所具有的秉性,也不能够交换给别人,但是功业却能够取得,这是因为法制啊。

注释

1 **修:**实行的意思。

2 **离朱见秋豪百步之外:**离朱,《孟子》中作"离娄",为同一人,传说是黄帝时人,目力极好。秋豪,秋天鸟兽新长出的细毛,常用来比喻极细小的东西。豪,通"毫"。

3 **易:**交换。

4 **乌获举千钧之重:**乌获,为秦国秦武王时的大力士。钧,三十斤为一钧。

战法第十

导读

战法，即作战的方法。关于作战的方法，作者认为最重要的是国家政令，其一是正确的国家政令能够充分使民众力量发挥到战斗之中，而不是在国内纠纷中消耗，其二是国家政令从大局谋划，能对战争的胜负起至关重要的作用。除此之外，发动战斗时，也要考虑敌我双方的实力等情况，将领的带兵之道也是影响战争胜利的重要因素。此篇关于作战方法的阐述比较零碎、简略，没有系统、深入地阐发论述。

原文

凡战法必本于政，胜则其民不争，不争则无以私意[1]，以上为意。故王者之政，使民怯于邑斗而勇于寇战。[2]民习[3]以力攻，难。难故轻死，见[4]敌如溃；溃而不止则免[5]。故兵法：大战胜，逐北[6]无过十里；小战胜，逐北无过五里。兵

译文

大凡作战的方法必然以政令为根基，（政令）制服（民众）那么民众就不会争夺，（民众）不争夺那么就不会以个人（的意愿）为志向，而是以君主（的意愿）为志向。所以称王天下的政令，是使民众惧怕与本乡邑的人打斗而与敌寇作战时勇敢。民众训练以力量攻打（敌人），这事难。难事做到了所以（民众）就不会惧怕死亡，遇到敌人（会使敌人）像水冲决堤岸一样溃逃；溃逃不停止那么就放了（他们）。所以兵法说：大规模的战斗胜利了，追击败逃者不要超过十里；小规模的战斗胜利了，追击败逃者不要超过五里。战争发生了要衡量敌人（的实力），政令

起而程敌[7],政不若者勿与战,食不若者勿与久,敌众勿为客[8]。敌尽[9]不如,击之勿疑。故曰:兵大律[10]在谨,论敌察众[11],则胜负可先知也。

不如敌方就不要与之战斗,粮食不如敌方就不要和他长久相持,敌人众多就不要进攻。如果敌方全都不如(我们),那么攻击他们就不要犹豫。所以说:用兵的规律在于慎重,推知敌情,细察诸事,那么胜负就可以预先知道了。

注释

1 **私意:**私,个人。意,志向。

2 **怯于邑斗而勇于寇战:**邑斗,指与本乡邑的人打斗。邑,古代行政区划名,或以三十家为邑。寇战,指与敌人作战。寇,敌人。

3 **习:**训练,教习。

4 **见:**遇到,碰上。

5 **免:**释放。

6 **北:**败逃者。

7 **兵起而程敌:**起,发生,兴起。程,衡量,估量。

8 **客:**寄居、旅居之意,这里引申为进攻。

9 **尽:**全,都。

10 **律:**规律。

11 **论敌察众:**论,推知的意思。众,诸事的意思。

原文

王者之兵,胜而不骄,败而不怨。胜而不骄者,术明也;败而不怨者,知所失也。若兵敌强弱[1],将贤则胜,将不如则败。若其政出

译文

称王天下的士兵,打了胜仗不骄傲,打了败仗不抱怨。打了胜仗不骄傲,是因为战术高明;打了败仗不抱怨,是因为知道失误的地方。如果敌强我弱,那么将领贤明就能获胜,将领能力不行就会失败。如果(军事)作战部署出自朝廷的谋划,那么将领贤明便会

庙算[2]者，将贤亦胜，将不如亦胜。持胜术者，必强至王。若民服而听上，则国富而兵胜，行是必久王。其过失，无[3]敌深入，偕险绝塞[4]，民倦且饥渴，而复遇疾，此其道[5]也。故将使民者，乘良马者不可不齐[6]也。

获胜，将领能力不行也会获胜。掌握胜利方法的国家，必定会强大直至统一天下。如果民众信服而且听从君主，那么国家就会富强而且军队能打胜仗，执行这个（原则），必然能长期统一天下。用兵的错误是，轻敌深入，背靠险地越过关隘，民众疲倦又饥渴，又碰上疾病，这是败军之道。所以将领使用士兵，就好像乘坐骏马一样，不能不适当啊。

注释

1 **兵敌强弱**：当作“敌强兵弱”。

2 **庙算**：朝廷对战事的全局谋划、策略。

3 **无**：当读作“慢”，是怠慢、轻视的意思。

4 **偕险绝塞**：偕，当为“偝”，“背”的古字。绝，穿越，横度。

5 **其道**：为“败道”，打败仗之道。

6 **齐**：适中。

立本第十一

导读

本篇主旨在于探讨强军的方法。开篇就直言用兵打仗取得胜利有三个步骤，第一个步骤就是施行法制。只有施行法制，才能使民众有斗志，形成以作战为荣的社会风气，这样武器装备也能最大限度得以保障，从而获得作战的胜利。虽然此篇文章或因文字脱衍等原因，使得文意并不集中、逻辑不够严密，但其中基本的意思却是明白的，即施行法制乃是战争取得胜利的最根本的前提。因为法制能给军队作战提供良好的政治环境，有官方和民众的支持，继而会使士兵斗志昂扬、装备精良完备等。这些都是使战争获胜的必要因素。

原文

凡用兵，胜有三等[1]。若兵未起则错[2]法，错法而俗成，而用具[3]，此三者行于境内，而后兵可出也。行三者有二势[4]：一曰辅法而法行，二曰举必得而法立。[5]故恃其众者谓之葺[6]，恃其备饰者[7]谓之巧，恃誉目[8]者谓之诈。此三者恃一，因其兵可禽[9]也。故曰："强者必刚斗其意。"斗则力尽，力尽则备[10]，是故无敌于海内。治行则货积，货积则赏能重[11]矣。赏壹则爵尊，爵尊则赏能利矣。故

译文

大凡用兵打仗，取得胜利有三个步骤。如果战争还没有发动，那么就要施行法制；施行法制，就形成风俗；风俗形成，那么装备就完备，这三者必须在国内实行了，军队才可以出征。实行这三者需要有两种力量：一是（国君）辅助法制，于是法制能实行；二是检举（奸邪）必然获得（奖赏），于是法制能树立。所以依仗自己人多，叫作用茅草盖房但不坚固；依仗自己的装备装饰精美，叫作技能精巧；依仗自己的好名声，叫作欺骗。依仗这三种情况中的一种，军队就会被制服。所以说："强大者必须坚强，勇于战斗。"战斗就会竭尽全力，竭尽全力就会有无穷的潜力，因此就能够无敌于天下了。（国家的）政令实行了，财物就会积累起来；财物积累起来，（国家的）奖赏就能贵重。奖赏给作战有功的人，那么（赐予的）爵位就尊贵；爵位尊贵，那么（国家的）奖赏就能有利。所以说：军队产生于政治而（因政治的不同）有差异，风俗产生于法制而（随着法制变化）而有万种转变，过人的力量源于军心又因装备的样式而增加。对这三种情况有（正确）选择，那么（国家的）强大就可以树立了。因

曰：兵生于治而异，俗生于法而万转，过势本于心而饰于备势。[12]三者有论[13]，故强可立也。是以强者必治，治者必强；富者必治，治者必富；强者必富，富者必强。故曰：治强之道，三论其本也。

此，强大的国家必然治理得好，治理好的国家必然强大；富裕的国家必然治理得好，治理得好的国家必然富裕；强大的国家必然富裕，富裕的国家必然强大。所以说：使国家强大的方法，应在上述三种情况中选择（治理国家）的根本。

注释

1 **等：**台阶的级。这里引申为步骤。

2 **错：**施行。

3 **而用具：**这句当承前有"俗成"两字，即"俗成而用具"。用，用具，器具。具，完备。

4 **势：**力量。

5 **举必得而法立：**举，检举。得，获得。

6 **葺**(qì)**：**用茅草覆盖房屋。这是说茅草多而不坚固，人众多而无用。

7 **备饰者：**备，装备，设备。饰，装饰，修饰。

8 **誉目：**好的名声。

9 **禽：**通"擒"，制服。

10 **备：**储备。

11 **重：**贵重。

12 **过势本于心而饰于备势：**过，超过。势，威力，力量。备势，装备的样式。

13 **论**(lún)**：**通"抡"，选择。

兵守第十二

导读

这篇文章的主旨是阐述军队如何防守的问题。首先,文章指出四面与其他国家接壤的国家不同于背海的国家,只可防守,不可攻战,否则容易导致四面受敌。接着,文章从两个方面探讨了保证防守成功的具体战略。一是坚守城镇,其关键在于士兵有死战的决心,只有如此才能以逸待劳保证防线不被攻破;二是善于整合民力,根据性别、体力将士兵分为壮男、壮女、老弱三军,各司其职,在战争中发挥各自的作用,同时又使三军不相互往来,避免男女之情、悲老怜弱等情绪的滋生,以此保证三军的战斗力。

原文

四战之国[1]贵守战,负海之国[2]贵攻战。四战之国好举兴兵以距[3]四邻者国危。四邻之国一兴事而已四兴军,故曰国危。四战之国不能以万室之邑舍巨万之军者[4],其国危。故曰:四战之国务在守战。

译文

四面受敌的国家要重视防御战,背靠大海的国家要重视进攻战。(如果)四面受敌的国家喜好兴兵到四面的邻国去,那么国家就会危险。(因为)四面相邻的国家一一发动战事,那么自己就得四面发动军队,所以说国家危险。(如果)四面受敌的国家不能拥有上万户家庭的城镇来驻扎数以万计的军队,那么这个国家就危险了。所以说,四面受敌的国家要致力于防御战。

注释

1 **四战之国：**四面皆可受敌的国家，如战国时的韩国、魏国。

2 **负海之国：**背面靠海的国家，如战国时的齐国。负，背也。

3 **距：**到、抵达的意思。

4 **不能以万室之邑舍(shè)巨万之军者：**舍，止息，休息，相当于现在所说的"驻扎"。巨万，形容数目之大，不是确数。巨，大也。

原文

守有城之邑，不如以死人之力与客生力战[1]，其城拔[2]。者[3]死人之力也，客不尽夷城[4]，客无从入，此谓以死人之力与客生力战。城尽夷，客若[5]有从入，则客必罢[6]，中人必佚[7]矣。以佚力与罢力战，此谓以生人力与客死力战。皆曰：围城之患，患无不尽死而邑。[8]此三[9]者，非患不足，将之过也。

译文

守卫有城墙的城镇，不知道用拼死之力与敌人的有生力量作战，那么城墙就会被攻下。如果(守军)用拼死的力量(抵抗)，那么敌人就不能将城墙(守卫的将士)全部消灭，敌人就无法进入城内，这叫作用拼死的力量与敌人的有生力量作战。城墙(守卫的将士)全部被消灭，敌人虽然进入城内，但他们一定很疲乏，而城中的人一定是安逸的。用以逸待劳的力量与疲劳不堪的力量作战，这叫作用有生力量与敌人的垂死力量作战。(人们)都说：围攻城池的祸患，是苦于守卫者无不为他们的城镇拼命。这两种情况，(如果)考虑不充分，那就是将领的过错了。

注释

1 **不如以死人之力与客生力战：**不如，应作"不知"。死人之力，即拼死的力量。客，指外来的盗贼或敌人。

2 **拔：**攻占。

3 **者：**当作"若"，如果的意思。

4 **夷城**：当指杀掉在城墙上守卫的将士。夷，诛杀，消灭。

5 **若**：为连词，虽然的意思。

6 **罢(pí)**：通“疲”，疲乏，劳累。

7 **中人必佚**：城中的人以逸待劳。中人，指城中之人。佚，安逸。

8 **围城之患，患无不尽死而邑**：第一个“患”是名词，祸患的意思。第二个“患”，动词，苦于的意思。

9 **三**：当作“二”，指上文“以死人之力与客生力战”及“以生人力与客死力战”而言。

原文

守城之道，盛[1]力也。故曰：客治簿檄[2]，三军之多，分以客之候车之数[3]。三军：壮男为一军，壮女为一军，男女之老弱者为一军，此之谓三军也。壮男之军，使盛食厉兵[4]，陈而待敌。壮女之军，使盛食负垒[5]，陈而待令。客至而作土以为险阻及耕格阱。[6]发梁撤屋[7]，给从，从之；[8]不洽，而熯之；[9]使客无得以助攻备。老弱之军，使牧牛、马、羊、彘[10]，草

译文

守城的方法，在于整饬自己的力量。所以说：要谨慎整理户口簿册和征召文书，（征召来的）三军人数众多，就按照敌人侦察的兵车数量分担（作战任务）。三军：壮年男子组成一支军队，壮年女子组成一支军队，男女老弱组成一支军队，这就是所说的三军。壮年男子组成的军队，使他们装好粮食，磨砺兵器，摆好阵势等待敌人。壮年女子组成的军队，使她们装好粮食，背好土筐，摆好阵势等待命令。敌军到了，就堆起土做成障碍，并挖好陷阱。卸除桥梁、拆除房屋，如果来得及运走，就把拆下的东西搬进城去；如果来不及，就将它们烧掉，使敌人不能用这些东西作为攻城的设备。老弱组成的军队，使他们饲养牛、马、羊、猪，草水中可以喂养牲口的食物，收藏起来饲养这些牲畜，由此获得（供给）壮男壮女的食物。还要务必使三支军队不相互往来。壮年男子

水之可食者，收而食之，以获[11]其壮男女之食。而慎使三军无相过。[12]壮男过壮女之军，则男贵女而奸民有从谋而国亡。[13]喜与其恐有蚤闻[14]，勇民不战。壮男、壮女过老弱之军，则老使壮悲，弱使强怜。悲怜在心，则使勇民更虑[15]而怯民不战。故曰：慎使三军无相过，此盛力之道。

与壮年女子的军队相往来，那么男子就会想要女子，通奸的人就会放纵、图谋，使得国家灭亡。壮年男女喜欢住在一起，他们害怕听到战争的消息，那么勇敢的人也不愿作战了。壮年男子、壮年女子与年老体弱的军队相往来，那么年老的人会使壮年人悲伤，体弱的人会使强壮的人怜悯。悲伤、怜悯之情蕴积在心中，就会使勇敢的人改变心思，而胆怯的人不敢作战。所以说：要务必使三支军队不相互往来，这是整饬力量的方法。

注释

1 **盛**(chéng)**：**整饬。

2 **客治簿檄**(xí)**：**客，读为“窓(kè)”，同“恪”，谨也。簿，指登记民众人数的户口册。檄，用于晓谕、声讨、征召的文书。

3 **分以客之候车之数：**客，指敌人。候车，敌人前来侦察的兵车。

4 **使盛**(chéng)**食厉兵：**盛食，装好粮食。厉兵，磨砺兵器。

5 **垒：**读为“蔂”，盛土筐。

6 **客至而作土以为险阻及耕格阱：**作土，堆土。险阻，障碍。耕，犁的意思，引申为挖土。格阱，陷阱。

7 **发**(fā)**梁撤屋：**发，卸，除去。撤，拆掉。

8 **给**(jǐ)**从，从之：**应改为“给徙，徙之”。给，及，来得及。徙，搬走。

9 **不洽，而熯**(hàn)**之：**洽，这里借作“给”，来得及的意思。熯，烧。

10 **彘**(zhì)**：**猪。

11 **获：**得也。

12 **慎使三军无相过：**慎，副词，务必的意思。过，往来，拜访。

13 **男贵女而奸民有从谋而国亡：**贵，想要。奸，淫乱，通奸。有，助词。从，通“纵”,放纵。谋,图谋。

14 蚤闻:蚤,通“早”,事先,及早。闻,使知道。

15 更虑:更,改变。虑,心思,思想。

靳令第十三

导读

靳令,意为严肃执行法令,这篇文章再次重申执行法令的重要性。法律制定出来了,还要贯彻执行下去,只有这样才能保障政治事务的顺利进行,使百姓少说话、多做事,使国家没有奸诈情况的发生等。而在贯彻执行法令时,最重要的是按照功劳来授予官职和爵位,只有这样,百姓才会努力做事,遵守法令,否则就会造成六种弊害。在作者看来,这些弊害是对执行论功奖赏的法令的破坏,两者水火不容,会造成国家的削弱甚至灭亡。因此,圣明的君主统治国家的会关键是掌握赏罚,由此掌握民心,才能无敌于天下。

原文

靳令则治不留[1],法平[2]则吏无奸。法已定矣,不以善言害法。任功则民少言,任善则民多言。行治曲断[3],以五里断者王,以十里断者强[4]。宿治者削。以刑治,

译文

严肃(执行)法令,政务就不会延误;执法公正,官吏就没有奸邪。法度已经制定了,就不能用(那些仁义道德之类的)好话来妨碍法度。保举有功劳的人,民众就少说话(多干事);保举善良的人,民众就多说话(少干事)。实行法制就可以在坊巷断案,在五里区域内能决断的(国家)就能称王天下,在十里区域内能决断的(国家)就弱小,隔夜才能处理好政事的国家

以赏战，求过[5]不求善。故法立而不革，则显民变诛；计变诛止，责商殊使，百都之尊爵厚禄以自伐。[6]国无奸民，则都无奸示[7]。物多末众，农弛奸胜[8]，则国必削。民有余粮，使民以粟出官爵。官爵必以其力，则农不怠。四寸之管无当[9]，必不满也；授官、予爵、出禄不以功，是无当也。

就会削弱。用刑罚来治理国家，用奖赏来激励作战，只谋求（做事的）过错而不追求（言谈的）良善。所以，法制确立而不严守，那么就会突显民众的叛乱和杀戮；明辨计谋、禁止杀戮，地位高的人和平民拼命做事，（由此获得爵位和利禄，）各个都县（的人）都会尊崇爵位、看重利禄，用这些来炫耀。国家没有奸诈的人，那么都邑中就没有奸诈非法的交易。物品众多，经商的人多；农业生产松懈，奸诈邪恶的人太多，那么国家必然被削弱。民众有多余的粮食，使他们用粮食来换取官爵。取得官爵必须凭借自己的力量，那么农民就不会懈怠。四寸长的竹管没有底，必然装不满；授予官职、授予爵位、拿出俸禄（如果）不依照功劳来，那么就（如同竹管）没有底了。

注释

1 **靳(jìn)令则治不留：**蒋礼鸿认为，“靳”可通“谨”，严肃、严守的意思。治，政务。留，耽搁、延误。

2 **平：**公正。

3 **曲断：**曲断，意思是指在坊巷就可以决断。曲，坊巷。在商鞅看来，事件决断的范围越小，说明办事效率越高，执法能力越强。

4 **强：**应作“弱”，依据《商君书·去强》“十里断者国弱”句。

5 **求过：**求，谋求，追求。过，过错，错误。

6 **故法立而不革，则显民变诛；计变诛止，责商殊使，百都之尊爵厚禄以自伐：**革，疑为“靳”字，严守的意思。显，显扬。变，叛乱，祸乱。诛，杀戮。计，计谋。第二个“变”，通“辨”，明辨的意思。止，禁止，阻止。责商，据崇文书局本改为“贵齐”，贵，指地位高的人；齐，指平民。殊，拼，决。使，做，行。都，古代行政区划名。伐，自我夸耀。这句话应是"故法立而不靳，则显民变诛；计变诛止，贵齐殊使，百都之尊爵厚禄以自伐"。

7 **示**：当作"市"，交易，做买卖。

8 **胜**：同"盛"，旺盛，兴盛。

9 **当**：犹"底"也。

原文

国贫而务战，毒生于敌，无六虱，必强。国富而不战，偷生于内，有六虱，必弱。国以功授官予爵，此谓以盛[1]知谋，以盛勇战。以盛知谋，以盛勇战，其国必无敌。国以功授官予爵，则治省言寡，此谓以法去法[2]，以言去言。国以六虱授官予爵，则治烦言生，此谓以治致治，以言致言。则君务[3]于说言，官乱[4]于治邪。邪臣有得志，有功者日退，此谓失。

译文

国家贫穷而致力于作战，祸患在敌国发生，没有六种弊害，（那么国家）必然强大。国家富裕而不作战，苟且偷生的事在国内出现，有六种弊害，（那么国家）必然弱小。国家依照功劳来授予官职和爵位，这是用众人的智慧来谋划，用众人的勇敢来作战。用众人的智慧来谋划，用众人的勇敢来作战，这样的国家必然天下无敌。国家根据功劳来授予官职和爵位，那么政务就减轻，言谈就减少，这叫作用政务来除去政务，用言谈来除去言谈。国家根据六种弊害来授予官职和爵位，那么政务就繁多，言谈就滋生，这叫作用政务来招致政务，用言谈来招致言谈。那么，君主就会被游说言谈迷惑，官员就会被政务扰乱。奸臣得志，有功者日渐离去，这就是（政治上的）过错。

注释

1 **盛**：多。这里指众多的人。

2 **以法去法**：根据下文，此句应为"以治去治"。

3 **务**:通“瞀”,惑也。

4 **乱**:扰乱,败坏。

原文

守十者[1]乱,守一者治。法已定矣,而好用六虱者,亡。民泽毕农则国富。[2]六虱不用,则兵民毕竞劝而乐为主用。其竟内之民[3],争以为荣,莫以为辱。其次[4],为赏劝罚沮。其下,民恶之忧之羞之,修容而以言[5],耻食以上交[6],以[7]避农战,外交以备[8],国之危也。有[9]饥寒死亡,不为利禄之故战,此亡国之俗也。

译文

遵奉十种仁义道德(来治理国家)就混乱,遵奉农战(来治理国家)就安定。法律已经制定了,却喜好任用六种弊害的人,国家就会灭亡。民众都务农,那么国家就会富裕。六种弊害之人不使用,那么士兵和百姓都会争着努力而且乐意被君主役使。最好的情况是,国内的民众竞相以被君主役使、从事农战为荣耀,不会以此为耻辱。稍差一点的情况是,(民众)被奖赏所鼓励,被刑罚所阻止。最差的是,民众厌恶、担忧被君主所役使、从事农战,并为此感到羞耻,(却)提倡仁义之论用来空谈,以因为食禄和君主结交而感到耻辱,逃避农战,结交外国用来防备,这样国家就危险了。宁愿挨饿受冻而死,也不肯为利禄而作战,这是亡国的风气啊。

注释

1 **十者**:指《去强》篇所言“国有十者”,即“国有礼、有乐、有《诗》、有《书》、有善、有修、有孝、有弟、有廉、有辩”。

2 **民泽毕农则国富**:泽,为衍字,应删。毕,皆。

3 **其竟内之民**:根据下文的“其次”“其下”,“其”字后面应有“上”字。竟,通“境”。

4 **次**:下一等,位居第二。

5 **修容而以言**:修,提倡。容,根据上文“不以善言害法”“任善则民多言”,

疑“容”字当作“善”字。

6 **耻食以上交**:意思是以因为食禄和君主结交为耻辱。耻,以……为耻辱。

7 **以**:介词,拿,用。

8 **外交以备**:交,交往,结交。备,防备,戒备。

9 **有**:与“宁愿”同义。

原文

六虱:曰礼乐,曰《诗》《书》,曰修善,曰孝弟,曰诚信,曰贞廉,曰仁义,曰非兵,曰羞战。国有十二者,上无使农战,必贫至削。十二者成群[1],此谓君之治不胜其臣,官之治不胜其民,此谓六虱胜其政也。十二者成朴[2],必削。是故兴国不用十二者,故其国多力而天下莫能犯也。兵出必取,取必能有之;按兵而不攻必富。朝廷之吏,少者不毁[3]也,多者不损也,效[4]功而取官爵,虽有辩言,不得以相先也,此谓以数[5]治。

译文

六种弊害:是礼制,音乐;是《诗》《书》;是修养、慈善,是孝顺父母、敬重兄长;是诚实守信,是坚贞、逊让;是仁爱、道义;是反对战争,是以作战为羞耻。国家有这十二种思想,君主就无法实行农战,(国家)必定贫穷以至削弱。这十二种思想聚集,君主的统治不能制服他的臣子,官吏的治理不能制服他的百姓,六种弊害胜过了国家政令。这十二种思想成为弊害,(国家)必定削弱。因此兴盛的国家不用这十二种思想,所以国家力量增加,天下没有人能够进犯。军队出征必然取胜,取胜必定能占有(城池);按兵不动,不攻打他国,必然富裕。朝廷的官吏,(名额)少的不可增加,(名额)多的不可减损,考核有功劳就获取官职和爵位,即使能言善辩,也不能优先获得,这就叫作用法制治国。

注释

1 **群**:众多。

2 **朴**:指未经腊制的鼠肉。这里引申为像老鼠腐肉一样的隐患。

3 **毁**:当是"鞞(bǐ)"形近之误,"鞞"借为"埤(pí)",是增加的意思。

4 **效**:考核。

5 **数**:法制。

原文

以力攻者,出一取十;以言攻者,出十亡百。国好力,此谓以难攻;国好言,此谓以易攻。重刑少赏,上爱民,民死赏[1];重赏轻刑,上不爱民,民不死赏。利出一空[2]者,其国无敌;利出二空者,国半利;利出十空者,其国不守。重刑明大制,不明者[3],六虱也。六虱成群,则民不用。是故兴国罚行则民亲,赏行则民利。行罚,重其轻者,轻其重者[4],轻者不至,重者不来。此谓以刑去刑,刑去事

译文

用力量攻打的,使出一分力量就能获得十倍收获;用空谈进攻的,使出十分力量就会丧失百倍的利益。国家喜好力量,这叫作用难以取得的实力去进攻别国;国家喜好空谈,这叫作用容易具有的空谈本领去进攻别国。加重刑罚、减少赏赐,国君爱护民众,民众就会为国君拼死效力;滥加赏赐、减轻刑罚,国君不爱护民众,民众就不会为国君拼死效力。爵位利禄(的奖赏)只出自(农战)一个渠道,那么国家就会无敌于天下;爵位利禄(的奖赏)出自两个渠道,国家就只能得到一半好处;爵位利禄(的奖赏)出自十个渠道,国家就会保不住。严厉的刑罚彰明国家的法制,不通晓这个道理的民众,就会成为六种弊害之一。六种弊害聚集,民众就不能任用。所以兴盛的国家实行刑罚,民众就会亲近(君主);实行赏赐,民众就能(被君主)利用。施行刑罚,用重刑处理犯罪轻的人,那么轻罪就不会出现,重罪就不会产生。这叫作用刑罚除去刑罚,刑罚除去了,事业也

成。罪重刑轻，刑至事生；此谓以刑致刑，其国必削。

成功了。对犯有重罪的人用轻的刑罚处理，就会出现刑罚虽然使用，但事情也没办成；这叫作用刑罚招致刑罚，这个国家必定削弱。

注释

1 **民死赏：**据《去强》篇“重罚轻赏，则上爱民，民死上”，这句应作“民死上”。下句“民不死赏”也应改为“民不死上”。

2 **空：**同“孔”，通道，渠道。

3 **不明者：**据《韩非子·饬令》“明”字下有“民”，即为“不明民者”，意思更加明白通晓，所以改为“不明民者”。

4 **轻其重者：**据《商君书·说民》和《韩非子·饬令》，这句话当删。

原文

圣君知物之要，故其治民有至要，故执赏罚以壹辅。[1]仁者，心之续也，圣君之治人也，必得其心，故能用力。力生强，强生威，威生德，德生于力。圣君独有之，故能述[2]仁义于天下。

译文

圣明的君主了解事物的关键所在，所以他治理民众能掌握要诀，以赏罚来辅助（民众）专一从事于农战教育。仁，是民心的延续，圣明的君主统治人民时，一定要获得民心，所以才能够使用（他们的）力量。实力产生强盛，强盛产生威势，威势产生恩德，恩德是从实力中产生的。圣明的君主只有拥有民心，才能够在天下发扬仁义。

注释

1 **执赏罚以壹辅：**据《商君书·农战》“君修赏罚以辅壹教”，这里“壹辅”二字当改为“辅壹教”，这句话应为“执赏罚以辅壹教”。

2 **述：**申述，记述。

修权第十四

导读

本篇第一句开宗明义，阐发君主治国的方法。在作者看来，治理好国家的方法有三个：法度、信用和权力。其中，法度是最根本的。文章接着从君主、君臣关系以及臣子三个维度阐述了没有法度的后果，表明确立法度的种种好处。法度建立后，需要遵守信用，臣民才信服。而法度的确立、信用的遵守，都在于君权的运用，因此本文以“修权”二字作为篇名。修权，意为实行权力。

原文

国之所以治者三：一曰法，二曰信，三曰权。法者，君臣之所共操也；信者，君臣之所共立也；权者，君之所独制也。人主失守则危，君臣释[1]法任私必乱。故立法明分[2]而不以私害法则治，权制独断于君则威，民信其赏则事功成，信其刑则

译文

国家之所以治理得好，有三个要素：一是法度，二是信用，三是权力。法度，是君主和大臣共同掌握的；信用，是君主和大臣共同建立的；权力，是君主单独控制的。君主失去权力，那么（国家）就危险；君主和大臣舍弃法度、放任私利，（国家）必定混乱。所以建立法度、通晓原则，不让私利妨碍法度，那么（国家）就治理得好；权力的裁决由君主独自决断，（君主）就有威力；民众相信君主的奖赏，功业就能建成；民众相信君主的刑罚，奸邪就不会萌生。只有贤明的君主才重视权力、看重信用，而不让私利妨碍法度。所以君主常常说赏赐的话却不能实现自己的赏

奸无端[3]。惟明主爱权重信而不以私害法。故多惠言而克其赏[4]，则下不用。数加严令而不致其刑，则民傲[5]死。凡赏者，文也；刑者，武也；文武者，法之约[6]也。故明主任法。明主不蔽之谓明，不欺之谓察。故赏厚而利，刑重而威必[7]，不失疏远，不违亲近，故臣不蔽主而下不欺上。

赐，那么臣民就不会（被君主）役使了。（君主）多次增加严厉的法令而不施行刑罚，那么民众就会轻视死亡。一般来说，赏赐是以“文”治国；刑罚是以“武”治国；文治和武治，都是法度的关键。所以贤明的君主使用法度。贤明的君主不被蒙蔽，就叫聪慧；不被欺骗，就叫精明。所以奖赏厚重就有利，刑罚严厉就有威力、信用，（奖赏）不遗漏关系疏远的人，（刑罚）不回避关系亲近的人，因此，大臣就不会蒙蔽君主，下级就不会欺骗上级。

注释

1 **释**：抛弃，舍弃。

2 **分**(fèn)：原则，分寸。

3 **端**：始，起始。

4 **故多惠言而克其赏**：《群书治要》卷三十六作“故上多惠言而不克其赏”，文意通顺。此处依《群书治要》翻译。惠，赐，赠。克，完成。

5 **傲**：轻视。

6 **约**(yào)：关键。

7 **必**：有信用。

原文

世之为治者多释法而任私议，此国之所以乱也。先王县权衡[1]立尺寸而至今法之，其

译文

世上治理国家的人大多舍弃法度而放任私利，这是国家之所以混乱的原因。古代帝王设置秤砣和秤杆，设置尺和寸，到现今人们还效法它们，是因为它们清晰明确。舍

分明也。夫释权衡而断轻重，废尺寸而意长短，虽察，商贾不用，为其不必也。[2]夫倍法度而任私议，皆不类者也。[3]不以法论知能[4]、贤不肖者惟尧，而世不尽为尧。是故先王知自议私誉之不可任也，故立法明分，中程[5]者赏之，毁公者诛[6]之。赏诛之法不失其议[7]，故民不争。授官予爵不以其劳，则忠臣不进[8]；行赏赋禄不称[9]其功，则战士不用。

弃秤砣和秤杆来裁决轻重，废除尺和寸来猜测长短，虽然明白，但是商人不会施行，因为不一定可以执行。所以法度是国家的秤砣和秤杆。背离法度而听凭私人意见，都是不知道法度的人。不依靠法度来评定人是有谋略的还是能力弱的，是贤明的还是没有才能的，只有尧，然而世上的人并不都是尧。因为这个缘故，先王知道个人的意见、称颂是不能信任的，所以建立法度和明确的原则，符合法度的就奖赏，损害公共利益的就惩罚。奖赏和惩罚的准则不违背法度，所以民众就不会争论。授予官职和爵位不凭借个人功劳，那么忠臣就不会尽力；施行奖赏和给予俸禄不与个人功劳相副，那么战士就不会服从。

注释

1 **县(xuán)权衡：**县，同“悬”，悬挂，这里是设置的意思。权，秤砣。横，秤杆。

2 **为其不必也：**此句后，据《群书治要》卷三十六引文补“故法者，国之权衡也”。必，一定执行。

3 **皆不类者也：**《群书治要》卷三十六引文为“皆不知类者也”，多“知”字。类，法度，法式。

4 **能：**当作“罢(pí)”，意思是能力弱。在这里智、罢对举，贤、不肖对举。

5 **程：**法度，标准。

6 **诛：**惩罚。

7 **议：**通“仪”，度量。这里指法度。

8 **进：**通“尽”，竭尽。这里是竭尽全力的意思。

9 **称**(chèn):相当,符合。

原文

凡人臣之事君也,多以主所好事君。君好法则臣以法事君,君好言则臣以言事君。君好法则端直之士在前,君好言则毁誉之臣在侧。公私之分明,则小人不疾[1]贤而不肖者不妒[2]功。故尧、舜之位[3]天下也,非私天下之利也,为天下位天下也。论贤举能而传焉,非疏父子亲越人[4]也,明于治乱之道也。故三王以义亲[5],五霸以法正诸侯,皆非私天下之利也,为天下治天下。是故擅[6]其名而有其功,天下乐其政而莫之能伤也。今乱世之君臣,区区[7]然皆擅一国之利,而管一官之重,以便其私,此国之所以危也。故公私之交[8],存亡之本也。

译文

大凡臣子侍奉君主,大多用君主的喜好来侍奉他。君主喜好法度,那么臣子就用法度来侍奉他;君主喜好言谈,那么臣子就用言谈来侍奉他。君主喜好法度,端正、正直的士人就会出现在(君主)面前;君主喜好言谈,诽谤、称颂的臣子就会伴随在(君主)左右。公私界限分明,不贤能的人就不会嫉妒贤能的人,没有能力的人也不会嫉妒有功劳的人。所以尧、舜治理天下,并不是把天下的利益据为己有,而是为了天下的人治理天下。选贤任能,把(天下)传给他,并不是为了疏远自己的儿子而亲近关系疏远的人,而是明白治乱的道理。所以三王用道义来爱护天下,五霸用法度来匡正诸侯,都不是把天下的利益据为己有,而是为了天下的人治理天下。所以(他们)据有名声而且具有相应的功业,天下的人都喜欢他们的政令,而没有人能够伤害到他们。如今乱世中的君主和臣子,都得意于独揽一个国家的利益,且掌管官职的机要,来方便他们的私欲,这就是国家危亡的原因。所以为公与为私的交替变化,是国家存亡的根本。

注释

1 **疾**(jí):通“嫉”,意思为嫉妒。

2 **妒**:嫉妒的意思。

3 **位**(lì):通“莅”,临视,治理。

4 **越人**:这里是指关系疏远的人。

5 **故三王以义亲**:“亲”字后当有“天下”二字,应为“故三王以义亲天下”。亲,爱护。

6 **擅**:据有。

7 **区区**:自得的样子。

8 **交**:交替,交换。

原文

夫废法度而好私议,则奸臣鬻权以约禄[1],秩官[2]之吏隐下而渔民。谚曰:“蠹众而木折,隙大而墙坏。”故大臣争于私而不顾其民,则下离上。下离上者,国之隙也。秩官之吏隐下而渔百姓,此民之蠹也。故有隙蠹而不亡者,天下鲜矣。是故明主任法去私,而国无隙蠹矣。

译文

(君主)废弃法度而喜好私下的议论,那么奸臣就会卖弄权势来求取利禄,常设之官就会隐瞒下情而用非法手段谋取利益。谚语说:“蛀虫多,树木断;裂缝大,墙壁坏。”所以大臣们争夺私利而不顾及自己的百姓,那么民众就会背离上级。民众背离上级,这是国家的隐患。常设之官隐瞒下情而用非法手段谋取利益,这是民众的蛀虫。有隐患、蛀虫而不灭亡的(国家),是天下少有的。所以贤明的君主使用法度去除私利,那么国家就没有隐患和蛀虫了。

注释

1 **奸臣鬻**(yù)**权以约禄**:鬻,卖的意思。约,求取。

2 **秩官**:意为常设的官。秩,常的意思。

徕民第十五

导读

徕民，意为招来民众。本文主旨是阐发秦国采用招来他国民众的政策是有利无弊的。首先，作者指出一个国家需要有足够的物资条件才能够养活民众，然而秦国的国情却是地广人稀，物资资源匮乏，相反，邻国韩、赵、魏三国却是地少人稠。因此，作者提出可以采用给予民众田地、赐予爵位、免除赋税的方法，来吸引邻国的民众。招来邻国的民众有诸多好处，一是可充分开发本国土地资源，二是获取从事农业生产的充足劳动力。这样就解决了既可以对外作战使敌人得不到休息、又可以不耽误农事使国家富强的两难问题。作者认为用赐予爵位、免除赋税的方式招来民众是以少谋多、以小谋大的最佳途径。

原文

地方百里者，山陵处什一，薮泽处什一，溪谷流水处什一，都邑蹊道处什一，恶田处什二，良田处什四。以此食作夫[1]五万，其山陵、薮泽、溪谷可以给其材，都邑、蹊道足以处[2]其民，先王制土分民之律[3]也。

译文

有百里见方的土地，山岭丘陵占十分之 ，湖泊沼泽占十分之一，山涧河流占十分之一，城镇道路占十分之一，坏田占十分之一，好田占十分之四。用这些可以养活五万个农夫，其中山岭、丘陵、湖泊、沼泽、山涧、河流可以供给原材料，城镇、道路足够用来安顿它的民众，这是古代帝王按土地肥硗列其等差分给民众的法规。

注释

1 **作夫:**农夫。

2 **处:**安顿。

3 **制土分民之律:**制土,按土地肥硗列其等差。分,赐予,分给。

原文

今秦之地,方千里者五,而谷土不能处二[1],田[2]数不满百万,其薮泽、蹊谷、名山、大川之财物货宝又不尽为用,此人不称土也。秦之所与邻者,三晋[3]也;所欲用兵者,韩、魏也。彼土狭而民众,其宅参[4]居而并处。其寡萌贾息[5],民上无通[6]名,下无田宅,而恃奸务末作以处[7]。人之复阴阳泽水者过半。[8]此其土之不足以生其民也,似有过秦民之不足以实其土也。意[9]民之情,其所欲者田宅也。而晋之无有也信[10],秦之有余也必[11]。如此而民不西者,秦士

译文

现在秦国的土地,有五个方圆一千里的土地,可是种庄稼的土地还占不到十分之二,田数不到一百万,土地中的湖泊、沼泽、山谷、溪流、大山及大河中的物产、财宝又没有被全部利用,这是因为(稀少的)人口与(辽阔的)土地不相称啊。秦国毗邻的国家是瓜分晋国的韩、赵、魏三国,秦国要用兵攻打的是韩国、魏国。他们土地狭小又百姓众多,他们的住宅错杂且聚居在一起。他们的外来客民将钱财借贷给贫民而获取利息,(本地)百姓在上没有显达的名声,在下没有田地和住宅,他们凭借奸诈的职业、从事工商业来安顿自己。人们在山北、山南和湖泊、河流边挖洞居住的超过半数。这些国家的土地不够养活它们的百姓,似乎超过了秦国百姓不够用来填塞它的土地的程度。百姓想要的就是田地和住宅。而三晋的确没有多余的(田地和住宅),秦国则一定有多余的(田地和住宅)。在这样的情况下,(三晋的)民众也不向西(到秦国来),乃是因为秦国的士人忧愁且民众劳苦。我私自以为,那些认为君王的官吏见解明智是错误

原文	译文
戚而民苦也。臣窃以王吏之明为过见[12]，此其所以弱[13]不夺三晋民者，爱爵而重复[14]也。其说曰："三晋之所以弱者，其民务乐而复爵轻[15]也。秦之所以强者，其民务苦而复爵重也。今多爵而久复，是释秦之所以强，而为三晋之所以弱也。"此王吏重爵爱复之说也，而臣窃以为不然。夫所以为苦民而强兵者，将以攻敌而成所欲也。兵法曰："敌弱而兵强。"此言不失吾所以攻，而敌失其所守也。今三晋不胜秦四世矣。自魏襄以来，野战不胜，守城必拔，小大之战，三晋之所亡于秦者，不可胜数也。若此而不服，秦能取其地而不能夺其民也。	的看法，这些官吏之所以不争取三晋民众，是因为吝惜爵位且舍不得免除赋税。他们的说法是："三晋之所以衰弱，是因为它们的百姓追求安乐且能轻易免除赋税和得到爵位。秦国之所以强盛，是因为它的百姓力求劳苦且难以免除赋税和获得爵位。如今大量给予爵位且长期免除赋税，这就舍弃了秦国强盛的方法，而采取了三晋衰弱的方法。"这是君王的官吏看重爵位、吝惜免除赋税的说法，然而我私自认为不是这样。之所以使民众劳苦、军队强大，是用来攻打敌人来成全自己的愿望的。兵法说："敌人(的兵力)弱小了，(我们的)兵力就强大了。"这是说我们没有丧失进攻的能力，而敌人失去了防守的能力。现在三晋没有战胜秦国，已经四代了。从魏襄王以来，野外作战(他们)没有取胜，守卫城池必然被(秦国)攻取，大小战役，三晋败给秦国的次数，数不过来。像这样，(他们)还不顺从，是因为秦国可以夺取他们的土地，却不能夺取他们的民众啊。

注释

1 **二：**十分之二。古代表示分数时，如果分母是十，可以只说分子而省说分母。

2 **田：**一种计算耕地面积的单位。

3 **三晋：**指韩、赵、魏三国。战国初三家分晋，原属晋国的韩氏、赵氏、魏氏各自为国。

4 **参**(cān)：杂。

5 **寡萌贾息：**寡萌，疑当作“宾萌”，宾(賓)、寡形近而误。宾萌，即客民。萌，通“氓”，凡外来旅居之民谓之氓。贾息，疑当作“贷息”，指将钱财借贷给贫民而获取利息。

6 **通：**显达。

7 **恃(shì)奸务末作以处：**恃，凭借，仗恃。末，这里指末业，即工商业。作，使。处，安顿。

8 **人之复阴阳泽水者过半：**复，洞窟，这里用作动词，指挖洞居住。阴，山的北面。阳，山的南面。

9 **意：**通“噫(yì)”，叹词。

10 **晋之无有也信：**有，多的意思。信，副词，的确。

11 **必：**一定，必定。

12 **过见：**过，过错，错误。见，见解，看法。

13 **弱：**衍文。

14 **爱爵而重复：**爱，吝惜。重，看重，重视，这里与“爱”同义。复，免除赋税。

15 **轻：**轻易，任意。

原文

今王发明惠[1]，诸侯之士来归义者[2]，今使复之，三世无知军事，秦四竟之内陵阪丘隰[3]不起十年征者，于律也足以造作夫百万。曩者臣言曰：意民之情，其所欲者田宅也；

译文

现在大王(如果)实行大的恩惠，诸侯各国的士人就会来归附，如今使他们免除赋税，三代不知道军务，秦国国境四面之内，凡是山陵、坡地、山丘、洼地都十年不收赋税，依照这样的律法，也足够招致一百万农夫。以前我说：百姓想要的就是田地和住宅，而三晋的确没有多余的(田地和住宅)，秦国则一定有多余的(田地和住宅)。在这样的情况下，(三晋

晋之无有也信,秦之有余也必。若此而民不西者,秦士戚而民苦也。今利其田宅而复之三世,此必与其所欲而不使行其所恶也。然则山东[4]之民无不西者矣。且非直虚言之谓也。[5]不然,夫实旷土[6],出天宝[7],而百万事本,其所益多也,岂徒[8]不失其所以攻乎?

晋的)民众也不向西(到秦国来),乃是因为秦国的士人忧愁且民众劳苦。现在用田地、住宅利诱,而且三代免除赋税,这是给予他们想要的,而不让他们做自己所厌恶的。这样的话,崤山以东的民众就没有不到西边来的。这是归附德义啊。不如此,(从各国来的民众)填充了旷野、荒地,生产出天然的宝物,百万人从事农业生产,他们所创造的好处多多,岂是仅仅不丧失进攻的力量吗?

注释

1 **发明惠:**发,实行。明惠,大的恩惠。

2 **诸侯之士来归义者:**归,归附,归顺。义,道义。

3 **陵阪丘隰(xí):**阪,坡地。隰,洼地。

4 **山东:**战国时称崤山或华山以东地区,也指秦以外的六国。

5 **且(cú)非直虚言之谓也:**按蒋礼鸿先生的说法,此句为“且德之谓也”。且,通“徂”,往也。

6 **实旷土:**应为“实圹(kuàng)虚”。圹,旷野。虚,荒地。

7 **大宝:**指天然的宝物。

8 **徒:**仅,只。

原文

夫秦之所患者,兴兵而伐则国家贫,安居而农则敌得休息。此王所不能两成也,故三

译文

秦国所忧虑的是,起兵征讨敌国,国家会贫穷;安居务农,敌人会得到休息。这是大王不能够两全其美的,所以(秦国)祖孙三代作战胜利,然而天下却不顺从。如今用秦国

世战胜而天下不服。今以故秦事[1]敌，而使新民事本，兵虽百宿于外，竟内不失须臾之时，此富强两成之效也。臣之所谓兵者，非谓悉兴尽起也；论竟内所能给军卒车骑[2]，令故秦兵，新民给刍食。天下有不服之国，则王以此春围[3]其农，夏食其食，秋取其刈[4]，冬陈其宝[5]，以大武摇其本，以广文安其嗣。王行此，十年之内，诸侯将无异民，而王何为爱爵而重复乎？

原有的民众去杀敌，而用新来的民众从事农业生产，军队即使驻扎在境外上百天，境内也不会耽误片刻的农时，这是富裕和强盛两全其美的功效。我所说的用兵，不是把一切（人和物）都尽数使用；评定国内所能够供应军队的士兵、车辆和马匹，使原有的民众去杀敌，新来的民众供应草料和粮食。天下有不顺从的国家，那么大王就用这些军队，在春天（骚扰）使敌人违反农时，在夏天去吃敌人的粮食，在秋天去夺取敌人收割的庄稼，在冬天去发掘敌人储藏的地产，用强大的武力去动摇敌人的根本，用广大的文德去安抚敌人的后代。大王（如果）实行这种办法，那么十年之内，诸侯的人民就没有不是我国的人民了，大王为什么还要吝惜爵位且舍不得免除赋税呢？

注释

1 **事：**通“剚(zì)”，杀，刺入的意思。

2 **论竟内所能给军卒车骑：**论，评定。给，供应。军，军队。

3 **围：**当作“违”，违反。

4 **刈(yì)：**割取。这里指收割的庄稼。

5 **冬陈(chén)其宝：**陈，陈设，排列。这里引申为发掘。宝，这里指储存的地产，如粮食等。

原文

周军之胜[1]，华军之胜[2]，秦斩首而东之。东

译文

伊阙之战的胜利，华阳之役的胜利，秦国砍了（敌人的）头颅又向东进攻。向东进

之无益亦明矣，而吏犹以为大功，为其损敌也。今以草茅之地徕三晋之民，而使之事本，此其损敌也与战胜同实而秦得之以为粟，此反行两登之计[3]也。且周军之胜，华军之胜，长平之胜[4]，秦之所亡民者几何？民客之[5]兵不得事本者几何？臣窃以为不可数矣。假使王之群臣有能用之，费此之半，弱晋强秦，若[6]三战之胜者，王必加[7]大赏焉。今臣之所言，民无一日之繇，官无数钱之费，其弱晋强秦有过三站之胜，而王犹以为不可，则臣愚不能知已。

攻没有好处是很明显的，然而官吏们却仍认为(这是)很大的功绩，因为这样损害了敌军。现在用长满荒草的土地招致三晋的民众，使他们从事农业生产，用这种方法减少敌人与作战胜利(减少敌人)本质是相同的，而且秦国还能用(他们)生产粮食，这是生产和战争两者都能成全的计策啊！况且在伊阙之战、华阳之役和长平之战的胜利中，秦国死亡的民众是多少？秦国原有的民众和招来的民众去作战而不能从事农业生产的人数是多少？我私下以为是多得数不清了。假如大王的群臣中有能够使用这些兵力，损耗这些兵力的一半，来削弱三晋、使秦国强大，比得上三次战役取得的胜利，那么大王必定要给予其很大的奖赏。现在我所说的，民众不用服一天的徭役，官府不用花费多少钱，但在削弱三晋、强大秦国(的成效)上却可以超过三次战役(取得)的胜利，如果大王还认为不行，那么我就真的愚昧而不知道(其他方法)了。

注释

1 **周军之胜：**疑指伊阙之战。伊阙，在今洛阳南。公元前 293 年，秦国大将白起率军在伊阙大破魏国、韩国、东周联军，杀敌将犀武，虏韩将公孙喜，歼灭联军二十四万，夺取魏城数座及韩国安邑以东大部分地区。

2 **华军之胜：**即华阳之役。华阳，今河南新郑北。公元前 273 年，秦国白起大破魏、赵联军于华阳，斩首十三万。

3 **反行两登之计：**反行，兼得。反，犹“皆”也。登，成也。

4 **长平之胜:**公元前260年,秦国大将白起率军攻打赵国,大破赵军,于长平(今山西高平西北),全歼赵军四十五万,使赵国元气大伤,再无力与秦国抗衡。

5 **之:**往也。

6 **若:**至,及。

7 **加:**嘉奖。

原文

齐人有东郭敞者,犹多愿,愿有万金[1]。其徒请赒[2]焉,不与,曰:"吾将以求封[3]也。"其徒怒而去之宋。曰:"此爱于无也,故[4]不如以先与之有也。"今晋有民而秦爱其复,此爱非其有以失其有也,岂异东郭敞之爱非其有以亡其徒乎?且古有尧、舜,当时而见称[5];中世有汤、武,在位而民服。此三[6]王者,万世之所称也,以为圣王也,然其道犹不能取用于后。今复之三世而三晋之民可尽[7]也,是非王贤立今时,而使后世为王用乎?然则非圣别说而听[8],圣人难[9]也。

译文

齐国有个叫东郭敞的人,愿望特别大,希望拥有万金。他的徒弟请求他救济,(他)不给,说:"我要用钱财来谋求封地、封爵。"他的徒弟愤怒(离开),去往宋国。(人们)说:"这个人吝惜还没有得到的东西,还不如将钱财先给予(他)拥有的(徒弟)。"如今韩、赵、魏三国拥有民众,而秦国却吝惜免除他们的赋税,这是吝惜自己还没有占有的东西,以致丧失自己可以拥有的东西,这和东郭敞吝惜他还没有的东西以致失去了他的徒弟有什么不同呢?况且上古的时候有尧、舜,当时就被称颂;中古时代有商汤王、周武王,处在君主之位而民众顺从。这四位帝王,是千秋万代所称颂的,被视为圣明的帝王,然而他们的治国方法还是不能被后世采用。现在免除三代的赋税,那么三晋的民众就可以全都(到秦国来),这不是以大王今天的贤明,而使(三晋)后世子孙被大王役使吗?然而,不通达事理的邪说却被听从,圣人不容易啊。

注释

1 **金**：先秦以黄金二十两或二十四两为一镒(yì)，一镒也称一金。

2 **赒**(zhōu)：救济。

3 **封**：封地，封爵。

4 **故**：读作"固"。姑且的意思。

5 **见称**：见，被，受。称，称颂。

6 **三**：当作"四"。

7 **尽**：竭，完。

8 **非圣别说而听**：圣，通达事理。别，错也。而，却。听，听从，接受。

9 **难**：不容易，困难。

刑约第十六（篇亡）

赏刑第十七

导读

本文开篇即点明主旨，即治理好国家的根本方法是统一奖赏、刑罚和教化。其中统一奖赏和教化的目的都是要使民众积极作战，以军功作为获得奖赏的唯一途径。因此，作者认为，圣人治国最根本和最有效的方法，就是劝诫、鼓励民众作战和明确法制、严明刑罚。

原文

圣人之为国也，壹赏，壹刑，壹教。壹赏则兵无敌，壹刑则令行，壹教则下听上。夫明赏不费，明刑不戮，明教不变，而民知于民务，国无异俗。明赏之犹[1]，至于无赏也；明刑之犹，至于无刑也；明教之犹，至于无教也。

译文

圣人治理国家，统一奖赏，统一刑罚，统一教化。统一奖赏，军队就无敌于天下；统一刑罚，政令就能贯彻执行；统一教化，下级就会听从上级。明确的奖赏不耗费（财物），严明的刑罚不杀（人），明白的教化不改变（风俗），而民众却知道自己的事务，国家没有不同的风俗。明确的奖赏之极致，是达到不用奖赏；严明的刑罚之极致，是达到不用刑罚；明白的教化之极致，是达到不用教化。

注释

1 **犹：**当读为“尤”，至、最的意思。

原文

所谓壹赏者，利禄官爵抟[1]出于兵，无有异施[2]也。夫固[3]知愚、贵贱、勇怯、贤不肖皆尽其胸臆之知，竭其股肱之力，出死而为上用也。天下豪杰贤良从之如流水，是故兵无敌而令行于天下，万乘之国不敢苏[4]其兵中原，千乘之国不敢捍城。万乘之国若有苏其兵

译文

所谓统一奖赏，就是指利禄官爵只出于战争（取得的功绩），没有另外的（途径）能给予。所以聪明的人和愚蠢的人、高贵的人和低贱的人、勇敢的人和胆怯的人、有才能的人和没有才能的人，都竭尽自己心中的智慧，使尽自己全身的力气，拼死来为君王效劳。天下的英雄豪杰、贤达君子就像流水一样追随（君主），所以（他的）军队所向无敌且政令能在天下贯彻执行，拥有万辆兵车的国家不敢在原野中对抗他的军队，拥有千辆兵车的国家不敢在城池抵御（他的军队）。拥有万辆兵车的国家如果在原野中对抗他的军队，作战

中原者，战将覆其军；千乘之国若有捍城者，攻将凌[5]其城。战必覆人之军，攻必凌人之城，尽城而有之，尽宾而致[6]，虽厚庆赏，何费匮之有矣？昔汤封于赞茅，文王封于岐周，方百里。汤与桀[7]战于鸣条之野，武王与纣战于牧野之中，大破九军，卒裂土封诸侯，士卒坐陈者里有书社[8]，车休息不乘，从[9]马华山之阳，从牛于农泽，从之老而不收。此汤、武之赏也。

时自己的军队将会覆没；拥有千辆兵车的国家如果在城池中抵御（他的军队）的，攻打时自己的城池将会被登上。作战必定消灭别人的军队，攻打必定登上别人的城池，专精于（攻打）城池便能占有，专精于（夺取）财货便能获得，即使多加庆贺、奖赏，费用怎么会竭尽所拥有的（财富）呢？从前商汤王在赞茅立国，周文王在岐周立国，土地百里见方。商汤王与夏桀王在鸣条的野外作战，周武王与商纣王在牧野地区交战，（商汤王和周武王）大败（敌方）士兵众多的军队，最后划分土地、分封诸侯；坚守阵地的士兵，都按登记入册的人口拥有土地；战车停放不乘用，在华山的南坡上放马，在农泽放牛，一直到老也不收回。这是商汤王、周武王的奖赏啊。

注释

1 **抟**(zhuān)**：**通“专”，唯一、专一的意思。

2 **异施：**异，另外的。施，给予。

3 **固：**通“故”。

4 **苏：**通“傃(sù)”，朝向的意思，引申为对抗。

5 **凌：**升，登上。

6 **尽宾而致：**此句当为“尽宝而致之”。尽，专精于事。宾，当为“宝”字，财货的意思。

7 **桀**(jié)**：**传说中夏朝的末代君主，是暴君，被商汤王打败后流放至死。

8 **士卒坐陈者里有书社：**陈，同“阵”，坐阵，指战士披甲不卧，坐在阵地上坚守待敌。这里指参战的意思。里，动词，居住的意思。社，古代地方

基层单位，二十五家为一社。每社有户口登记，故曰书社。

9 **从**：通“纵”，放的意思。

原文

故曰：赞茅、岐周之粟，以赏天下之人，不人得一升；以其钱赏天下之人，不人得一钱。故曰：百里之君而封侯[1]，其臣大其旧，自士卒坐陈者里有书社，赏之所加宽于牛马者，何也？善因天下之货[2]，以赏天下之人。故曰：明赏不费。汤、武既破桀、纣，海内无害，天下大定，筑五库[3]，藏五兵[4]，偃[5]武事，行文教，倒载干戈[6]，播笏[7]作为乐，以申[8]其德。当此时也，赏禄不行而民整齐。[9]故曰：明赏之犹，至于无赏也。

译文

所以说：赞茅、岐周的粮食，用来奖赏给天下的人，每个人还得不到一升；用赞茅、岐周的钱奖赏给天下的人，每个人还得不到一文钱。所以说：拥有百里之地的君主却能封侯，所征服的（土地）比原来的还要广大；从坚守阵地的士兵都按登记入册的人口拥有土地，到奖赏施行对象放宽到牛和马，这是为什么呢？（是因为）擅长凭借天下的财货，用来奖赏天下的人。所以说：明确的奖赏不耗费（财物）。商汤王、周武王已经打败夏桀王、商纣王，社会没有祸害了，天下十分安定了，（于是）修建五种仓库，收藏五种兵器，停止战争，实行文教，倒着藏放盾牌和戈戟（不再打仗），大臣们把朝板插在腰间来作乐，并来吟诵他们的功德。在这个时候，利禄和奖赏不施行，而民众也同心协力。所以说：明确的奖赏之极至，是达到不用奖赏。

注释

1 **侯**：古代公、侯、伯、子、男五等爵位的第二等。

2 **善因天下之货**：善，擅长。因，依靠，凭借。

3 **五库**：《初学记》卷二十四引蔡邕《月令章句》：“一曰车库，二曰兵库，三曰祭器库，四曰乐库，五曰宴器库。”

4 **五兵：**五种兵器，说法不一。

5 **偃：**停止。

6 **倒载干戈：**指收藏武器不再打仗。倒载，倒置的意思。干戈，指盾牌和戈戟，是古代常用的兵器，用作兵器的通称。

7 **搢笏**(jìnhù)**：**搢，插。笏，古时大臣朝见君主时手中所拿的狭长板子，用以记事。

8 **申：**通“呻(shēn)”，吟诵。

9 **赏禄不行而民整齐：**行，施行。整，有条理。齐，同心协力。

原文

所谓壹刑者，刑无等级，自卿相、将军以至大夫、庶人，有不从王令、犯国禁、乱上制者，罪[1]死不赦。有功于前，有败于后，不为损刑；有善于前，有过于后，不为亏[2]法。忠臣孝子有过，必以其数[3]断。守[4]法守职之吏有不行王法者，罪死不赦，刑及三族[5]。周官之人知而讦之上者[6]，自免于罪，无贵贱，尸袭[7]其官长之官爵田禄。故曰：重刑连其罪，则民

译文

所谓统一刑罚，就是刑罚没有等级(分别)，从卿相、将军直到大夫、平民，有不服从君王命令、触犯国家禁令、败坏君王法度的，惩处死刑，绝不赦免。从前有功，后来出现过失，也不(因从前有功)减少刑罚；从前有好的行为，后来出现过错，也不(因从前好的行为)损害规范。忠臣孝子有了过错，一定依据国家的法制来判决。掌管法令、掌握职务的官吏中有不实行君主法令的，惩处死刑，绝不赦免，刑罚还涉及他的父母、兄弟、妻子。亲近官吏的人知道了(他的罪过)而且向君上揭发(他的罪行)，(不但)自己免受惩处，(而且)没有贵贱差别，都可以承袭享有他的官职、爵位、田地、俸禄。所以说：加重刑罚、株连他们的罪行，那么民众就不敢以身试法。民众不敢以身试法，所以就没有刑罚了。古代帝王的法令，是处死(犯人)、砍断犯人的

不敢试。民不敢试，故无刑也。夫先王之禁，刺杀断人之足，黥人之面，非求伤民也，以禁奸止过也。故禁奸止过莫若重刑。刑重而必得，则民不敢试，故国无刑民。国无刑民，故曰明刑不戮。

脚，在犯人脸上刺字涂墨，这不是为了伤害民众，而是为了禁止奸邪、阻止过错。所以禁止奸邪、阻止过错，没有什么比得上使用重刑的了。刑罚重且坚决执行，那么民众就不敢以身试法，所以国家就没有受刑罚的人。国家没有受刑罚的人，因此说严明的刑罚不杀（人）。

注释

1 **罪**：治罪，惩处。

2 **亏**：损害。

3 **数**：法，法制。

4 **守**：掌管，掌握。

5 **刑及三族**：及，涉及，牵连。三族，三种亲属关系，指父母、兄弟、妻子。另一说指父族、母族、妻族。

6 **周官之人知而讦(jié)之上者**：周，亲密。讦，揭发。

7 **尸袭**：尸，享有。袭，承袭，承受。

原文

晋文公将欲明刑以亲百姓，于是合诸侯[1]大夫于侍千宫。颠颉后至，请其罪。君曰："用事焉。"[2]吏遂断颠颉之脊以殉。[3]晋国之士稽[4]焉皆惧，曰：

译文

晋文公想要严明刑罚来亲近百姓，于是会集大夫们到侍千宫。颠颉迟到了，（执法官吏）请示颠颉的罪行。晋文公说："遵从法令条文吧。"官吏于是砍断颠颉的脊梁并示众。晋国同于颠颉的士人都很害怕，说："颠颉是得宠之人，也砍断脊梁并示众，更何况是我们呢？"（后来晋文公）起兵攻打曹国和卫国的五鹿，到郑国推倒了城墙上的矮墙，把卫国的田垄改成东西向便于晋

"颠颉之有宠也,断以殉,而况于我乎?"举兵伐曹五鹿[5],及反郑之埤[6],东征之亩[7],胜荆人于城濮[8],三军之士,止之如斩足,行之如流水,三军之士无敢犯禁者。故一假道重轻于颠颉之脊而晋国治。昔者周公旦杀管叔、流霍叔[9],曰:"犯禁者也。"天下众皆曰:"亲昆弟有过不违[10],而况疏远乎?"故天下知用刀锯[11]于周庭,而海内治。故曰:明刑之犹,至于无刑也。

国兵车通行,在城濮战胜了楚国,晋国三军将士,停止不动就如同砍断脚一样,行走前进就如同流水一样,三军将士没有敢触犯禁令的。所以(晋文公)一旦借用颠颉的脊梁来实行轻罪施加重刑的方法,晋国就得到了治理。从前周公旦杀了管叔、流放了霍叔,说:"(他们是)触犯了禁令的人。"(于是)天下的人都说:"(对)亲兄弟有罪过也不逃避,更何况是(关系)疏远的人呢?"所以天下都知道了(周公)对周王室使用刑罚,于是天下太平。因此说:严明的刑罚之极致,是达到不用刑罚。

注释

1 **侯:**疑为衍文。

2 **用事焉:**这句话是说遵从法令条文。用,遵从,服从。事,公文,文书。

3 **断颠颉(jié)之脊以殉:**断脊,即腰斩。颠颉,人名,晋文公大臣。殉,通"徇(xùn)",巡回,示众。

4 **稽:**同的意思。

5 **曹五鹿:**曹,战国时的诸侯国之一,在今山东定陶西。五鹿,战国时卫国之地,在今河南濮阳东北。晋文公五年(公元前632年),晋文公伐曹,借道于卫,未获允许,晋国攻打曹国而占卫国之五鹿。

6 **及反郑之埤:**反,推倒。郑,战国时诸侯国之一,位于今河南中部、黄河以南地区。埤,城墙上呈凹凸之形的矮墙,用于防守。

7 **东征之亩:**东,向东。征,当作"卫",有《韩非子·外储说右上》"伐卫,东其亩,取五鹿"为证。亩,整治田垄。这里意思是晋文公把卫国田垄改成东西向,便于兵车通过。

8 **胜荆人于城濮(pú):**荆,战国时楚国的别称。城濮,卫国地名,位于今山东鄄(juàn)城西南。此次战役发生在公元前632年,是一次以弱胜强的著名战役,参见《左传·僖(xī)公二十八年》。

9 **周公旦杀管叔、流霍叔:**周公旦,西周政治家,周武王之弟,姓姬(jī),名旦,因为采邑在周,所以称为周公。管叔,周武王之弟,名鲜,因封于管,又称管叔。霍叔,周文王之子,名处,封于霍,史称霍叔。武王死后,其子成王年幼,由周公旦摄政。管叔、霍叔和蔡叔不服,勾结商纣王之子武庚、徐、奄(yǎn)等东方夷族反叛,周公旦奉命平叛,杀死管叔,流放蔡叔,贬黜霍叔。

10 **亲昆弟有过不违:**昆,兄,哥哥。违,逃避。

11 **刀锯:**古代的刑具。这里引申指刑罚。

原文

所谓壹教者,博闻、辩慧、信廉、礼乐、修行、群[1]党、任誉[2]、清浊不可以富贵[3],不可以评[4]刑,不可独立私议以陈[5]其上,坚者被[6],锐者挫,虽曰[7]圣知、巧佞[8]厚朴[9],则不能以非功罔[10]上利然。富贵之门,要存[11]战而已矣。彼能战者践富贵之门[12],强梗[13]焉,有常刑而不赦[14]。是父兄、昆弟、知识、婚姻[15]、合同者皆曰:"务之所加[16],存

译文

所谓统一教化,就是见闻广博、善辩聪慧、诚信逊让、(精通)礼制音乐、(有)修养德行、聚合朋党、任侠、追求名誉、请托(的人)不能凭借这些获得富贵,不能凭借这些逃避刑罚,不能自立学说凌驾于君上,要摧垮坚硬顽固的人,要挫败锋芒毕露的人,即使具有圣明聪慧、巧言善辩、宽厚淳朴,也不能凭借(这些)不是功劳的东西从君主那里获取利益。(获得)富贵的门径,关键只在作战。那些善于作战的人能进入富贵的大门,而强横的暴徒啊,法令刑罚不会赦免(他们)。这样,父亲叔伯、兄长小弟、知己相识、儿女亲家、志同道合的人都说:"从事的事情,只有作战是有益的。"因此正当壮年的人致力于作战,年老体弱的人致力于防守;战死者不

战而已矣。”夫故当壮者务于战，老弱者务于守；死者不悔，生者务劝。此臣之所谓壹教也。民之欲富贵也共阖棺而后止。而富贵之门必出于兵，是故民闻战而相贺也，起居饮食所歌谣者战也。此臣之所谓“明教之犹，至于无教”也。此臣所谓参[17]教也。

后悔，活着的人相互勉励。这就是我所说的统一教化。人们想要得到富贵，都要到死了盖上棺材后才停止。因为（获得）富贵的门径必须出自作战，所以民众听到打战就会相互庆贺，起居饮食所歌唱的都是打战之事。这就是我所说的“明白的教化之极致，是达到不用教化”。这就是我所说的三种教化。

注释

1 **群：**聚合。

2 **任誉：**任，任侠，即仗义行事，保护别人的意思。誉，名誉的意思。

3 **清浊不可以富贵：**清浊，当作“请谒”，请求的意思。有《商君书·错法》“先便请谒而后功力，则爵行而兵弱矣”文字为证。

4 **评：**疑为“辟”字，通“避”，逃避的意思。

5 **陈：**读为“陵”，凌驾、欺凌的意思。

6 **被：**疑当作“破”。

7 **曰：**犹如“有”的意思。

8 **佞**(nìng)**：**口才好。

9 **厚朴：**厚，宽厚。朴，淳朴，敦厚。

10 **罔：**牟取的意思。

11 **要**(yào)**存：**要，关键。存，在。

12 **能战者践富贵之门：**能，擅长，善于。践，登上，升。

13 **强梗：**骄横跋扈。

14 **有常刑而不赦：**常，法令。刑，刑罚。

15 **婚姻：**《尔雅·释亲》：“婿之父为姻，妇之父为婚……妇之父母、婿之父母相谓为婚姻。”

16 **务之所加:**务,从事于。加,有益。

17 **参(sān):**同“叁(三)”。这里指壹赏、壹刑、壹教。

原文

圣人非能通知万物之要也。[1]故其治国,举要以致万物,故寡教而多功。圣人治国也,易知而难行也。是故圣人不必加[2],凡主不必废,杀人不为[3]暴,赏人不为仁者,国法明也。圣人以功授官予爵,故贤者不忧,圣人不宥过,不赦刑,故奸无起。圣人治国也,审壹而已矣。

译文

圣人并不能通晓万物,而是明白万物的关键。所以圣人治理国家,抓住关键来获得万物,因此教化少却功绩多。圣人治理国家(的方法),知道容易而实行起来却难。因此圣人不必赞美,普通的君主不必废黜,杀人不算暴虐,奖赏人不算仁爱,(这是因为)国家的法度明了啊。圣人按照功劳授予(人们)官职和爵位,所以有才能的人不担忧,圣人不宽恕罪过,不赦免刑罚,所以奸邪不会发生。圣人治理国家,(只是)明悉统一奖赏、统一刑罚、统一教化罢了。

注释

1 **圣人非能通知万物之要也:**此句疑脱“知万物”,即应为“圣人非能通知万物,知万物之要也”。

2 **加:**通“嘉”,嘉奖。

3 **为:**算作,当作。

画策第十八

导读

画策，就是给君王出谋划策。作者在文中为君王所献出的谋略主要有两点，一是治国策略要顺应时势，才能称王天下；二是统治民众的根本是实施法制，并一定要贯彻落实。开篇作者分析了传说中的不同时代的首领们的不同治国方法，一针见血地指出他们的治国方略虽不同却能获得成功的原因，无外乎顺应了时势。接着作者阐述了对民众实行法制的意义所在，从作战、刑罚、君主和民众关系等方面指出必须要实行法制，才能称王天下。最后文章对君主必须顺应时势和实行法制的意义作了总结。

原文

昔者昊英[1]之世，以[2]伐木杀兽，人民少而木兽多。黄帝之世，不麛不卵[3]，官无供备[4]之民，死不得用椁[5]。事不同，皆王者，时异也。神农之世，男耕而食，妇织而衣，刑政不用而治，甲兵不起而王。神农既没[6]，以强胜弱，以众暴寡。故黄

译文

从前昊英的时代，（人们）可以砍伐树木、捕杀野兽，（因为那时）人民少而树木、野兽多。黄帝的时代，不准捕杀幼兽、不准取食鸟蛋，官员没有充任备办供给的仆人，死了不能使用椁（来安葬）。（他们）都是大王，（做的）事情却不同，（是因为）时代不同啊。神农的时代，男人耕种就有粮食吃，妇女纺织就有衣服穿，刑法政令不使用就能社会安定，军事不兴起就能称王天下。神农不久死去，人们以强凌弱，以多欺少。所以黄帝制定了君臣和上下级之间的等级，父子和兄弟之间的道德

帝作为君臣上下之义[7]，父子兄弟之礼，夫妇妃[8]匹之合，内行刀锯，外用甲兵，故时变也。由此观之，神农非高于黄帝也，然其名尊者，以适于时也。故以战去战，虽战可也；以杀去杀，虽杀可也；以刑去刑，虽重刑可也。

准则，夫妻之间的婚配原则，对内实行刑罚，对外使用武力，因为时代变化了。由此看来，神农（的才能）并非超过黄帝，可是他的名声却更尊贵，（这是）因为他顺应了时势啊。所以用战争来去除战争，即使发动战争也是可以的；用杀戮来去除杀戮，即使杀戮了也是可以的；用刑罚去除刑罚，即使加重刑罚也是可以的。

注释

1 **昊英：**传说中的远古帝王。

2 **以：**可以。

3 **不麛（mí）不卵：**麛，幼鹿，又泛指幼兽。卵，蛋。这里麛、卵用作动词。

4 **供备：**备办供给。

5 **椁（guǒ）：**外棺，指套在棺外的大棺。

6 **神农既没（mò）：**既，不久。没，通“殁”，死，去世。

7 **义：**“仪”的古字，仪制，法度。

8 **妃（pèi）：**通“配”，婚配。

原文

昔之能制天下者，必先制其民者也；能胜强敌者，必先胜其民者也。故胜民之本在制民，若冶于金，陶于土也。本不坚，则民如飞鸟禽兽，其孰能制之？民本，法也。故善治民

译文

从前能控制天下的人，必定能先控制民众；能战胜强大敌人的人，必定能先制服自己的民众。所以制服民众的根本在于控制民众，就好像用金属冶炼、用泥土制作瓦器一样（随心所欲）。根本不坚固，那么民众就会如同飞禽走兽一样，谁能制服他们呢？（统治）民众的根本，是法制。所以善于统治民众的人，用法制来堵塞民众，于是名声、土地就增

者，塞[1]民以法而名地作矣。名尊地广，以至王者，何故？名卑地削，以至于亡者，何故？战罢[2]者也。不胜而王，不败而亡者，自古及今未尝有也。民勇者战胜，民不勇者战败。能壹民于战者民勇；不能壹民于战者，民不勇。圣王见王之致于兵也，故举国而责[3]之于兵。入其国，观其治[4]，兵用者强。奚以知民之见用者也？民之见战也，如饿狼之见肉，则民用矣。凡战者，民之所恶也；能使民乐战者王。强国之民，父遗[5]其子，兄遗其弟，妻遗其夫，皆曰："不得，无返。"又曰："失法离令，若[6]死我死。"乡治之行间无所逃[7]，迁徙无所入。入行间之治[8]，连以五[9]，辨之以章[10]，束之以令；拙[11]无所处，罢无所生。是以三军之士从令如流，死而不旋踵[12]。

加了。（君主的）名声尊贵、土地辽阔，以至于称王天下，这是什么缘故？（君主的）名声卑劣、土地削减，以至于灭亡，这是什么缘故？（因为）作战失败了。不打胜仗就能称王天下，没打败仗就亡国了，从古到今还未曾有过。民众勇敢，打仗就能取胜；民众不勇敢，打仗就会失败。能够使民众专心于作战，民众就勇敢；不能使民众专心于作战，民众就不勇敢。圣明的君王看到要称王天下只能从战争中得到，所以发动全国人民并且要求他们都去当兵。进入一个国家，察看它的政绩，士兵使用了的就强大。如何知道民众被使用了呢？民众看见打仗，就好像饿狼看见了肉一样，那么民众就得到使用了。一般来说，战争是民众所厌恶的；能够使民众乐意作战的（国君），就能称王天下。强国的民众，父亲送自己的儿子（去作战），哥哥送自己的弟弟（去作战），妻子送自己的丈夫（去作战），都说："不取得胜利，就不要回来。"又说："违背法律、违抗命令，你死我也死。"乡里一带无处可逃，搬迁无处落脚。军队中的管理，是把五个人编成一个队伍，用印章来区别他们，用命令来约束他们；逃走没有地方安顿，失败了不能活着。所以三军将士服从命令如同流水一般，就是死也不后退逃跑。

注释

1 **塞**(sè)**:**堵塞。“塞民以法”意思是用法制堵塞百姓除了农战以外获得官爵等利益的途径。

2 **罢**(pí)**:**失败。

3 **责:**要求。

4 **治:**政绩。

5 **遗**(wèi)**:**送,赠送。

6 **若:**你。

7 **乡治之行**(háng)**间无所逃:**乡,古代行政区划名。治,治所,指王都或地方政府所在地。行间,这里指一乡之内的地带。

8 **入行间之治:**入,疑衍。行,古代军队编制,二十五人为行。间,中间,一带。

9 **连以五:**应增“之”字,此句为“连之以五”。五,即“伍”。古代最小的军事编制单位,五人为伍。

10 **章:**印章,标记。

11 **拙:**通“趉(jué)”,逃走的意思。

12 **旋踵**(zhǒng)**:**旋,返回,回来。踵,脚跟。旋踵,旋转脚跟,这里引申为后退逃跑。

原文

国之乱也,非其法乱也,非法不用也。国皆有法,而无使法必行之法;国皆有禁奸邪刑盗贼之法,而无使奸邪盗贼必得之法。为奸邪盗贼者死刑,而奸邪盗贼不止者,不必得。必

译文

国家混乱,并不是这个国家法制混乱,也不是法律被废弃不用。国家都有法律,却没有使法律必定实行的方法;国家都有禁止奸邪、对盗贼施以刑罚的刑法,却没有使奸邪、盗贼必定抓获的方法。使奸邪、盗贼的人(判处)死刑,然而奸邪、盗贼之事却未停止,(是因为)不一定能抓获。一定能抓获却仍有奸邪、盗贼的事,(是因为)刑罚轻。刑

得而尚有奸邪盗贼者，刑轻也。刑轻者，不得诛[1]也；必得者，刑者众也。故善治者刑不善而不赏善，故不刑而民善。不刑而民善，刑重也。刑重者，民不敢犯，故无刑也。而民莫敢为非，是一国皆善也；故不赏善而民善。赏善之不可也，犹赏不盗。故善治者，使跖[2]可信，而况伯夷[3]乎？不能治者，使伯夷可疑，而况跖乎？势[4]不能为奸，虽跖可信也；势得[5]为奸，虽伯夷可疑也。

罚轻，（罪犯）不能得到惩罚；必定能抓获（罪犯），受刑的人就多了。所以善于治理国家的人，对不好的行为施以刑罚而不奖赏好的行为，所以不用刑罚而民众也为善。不用刑罚而民众为善，（是因为）刑罚重。刑罚重，民众不敢触犯，所以就没有刑罚。民众不敢做坏事，这是一国的人都为善，所以不奖赏好的行为而民众为善。不可以奖赏好的行为，（因为）这如同奖赏不偷盗一样。所以善于治理国家的人，使跖那样的大盗都可以相信，更何况是伯夷那样忠信的人呢？不会治理国家的人，使伯夷那样忠信的人都可以怀疑，更何况是跖那样的大盗呢？（如果）法制的力量（使人）不能做非法的事，即使是跖那样的大盗也值得信赖；（如果）法制的力量（使人）懂得做非法的事，即使是伯夷那样忠信的人也值得怀疑。

注释

1 **诛**：惩罚。

2 **跖**(zhí)：春秋战国时人，一般称他为“盗跖”，以示否定和蔑视。

3 **伯夷**：商朝末年孤竹君的儿子。他和弟弟叔齐认为周武王灭商，乃是以大臣身份反叛商王，是不仁不义之举，所以他们在周武王灭商之后，以不吃周朝的粮食，来拒绝承认周朝政权的合法性，最后二人一同饿死在首阳山（今山西永济南）。

4 **势**：威力，力量。

5 **得**：懂得，知道。

原文

国或重[1]治，或重乱。明主在上，所举必贤，则法可在贤。法可在贤，则法在下，不肖不敢为非，是谓重治。不明主在上，所举必不肖，国无明法，不肖者敢为非，是谓重乱。兵或重强，或重弱。民固欲战，又不得不战，是谓重强。民固不欲战，又得无战，是谓重弱。

译文

国家或者是(治理得)好上加好，或者是(治理得)乱上加乱。英明的君主处于上位，所推荐的人必定有才能，那么法令恰好在有才能的人手中。法令恰好在有才能的人手中，那么法令就能在下面实行，没有德才的人就不敢做非法的事，这就叫作好上加好。不英明的君主处于上位，所推荐的人必定没有德才，国家就没有严明的法令，没有德才的人就敢做非法的事，这就叫作乱上加乱。军队或者是强上加强，或者是弱上加弱。民众本来想打仗，而又不能不去打仗，这叫作强上加强。民众本来不想打仗，又能不去打仗，这叫作弱上加弱。

注释

1 重(chóng)：双。这里引申为加倍。

原文

明主不滥[1]富贵其臣。所谓富者，非粟米珠玉也？所谓贵者，非爵位官职也？废法作私爵禄之富贵。[2]凡人主德行非出人也，知非出人也，勇力非过人也。然民虽有圣知，弗敢我谋；勇力，弗敢我杀；虽

译文

英明的君主不会无节制地给予自己的臣子富贵。所谓富，不是粮食珠玉吗？所谓贵，不是爵位官职吗？废除法度、以个人意见给人爵位俸禄，(就是无节制给予)富贵。一般君主的德行并非高于普通人，智慧并非超出普通人，勇气和力量并非胜过普通人。然而民众即使有聪明智慧，也不敢图谋君主的地位；即使有勇气和力量，也不敢杀害君主；即使人数众多，也不敢欺凌他们的君主；

众，不敢胜其主；虽民至亿万之数，县重赏而民不敢争，行罚而民不敢怨者，法也。国乱者，民多私义；兵弱者，民多私勇。则削国之所以取爵禄者多涂[3]；亡国之欲[4]，贱爵轻禄，不作而食，不战而荣，无爵而尊，无禄而富，无官而长[5]，此之谓奸民。所谓治主，无忠臣；慈父，无孝子；欲无善言，皆以法相司[6]也，命相正[7]也，不能独为非，而莫与人为非。所谓富者，入多而出寡。衣服有制，饮食有节[8]，则出寡矣；女事尽于内，男事尽于外，则入多矣。

即使民众达到亿万人的数目，悬重赏，民众也不敢争夺，实行刑罚，民众也不敢怨恨，（这是因为）有法度啊。国家混乱，（是因为）民众多考虑个人道义；军队衰弱，（是因为）民众多追求个人的勇敢。那么，削弱的国家中获取爵位俸禄有多种途径；使国家灭亡的风气，是轻贱爵位、轻视俸禄，不劳作却有饭吃，不作战却有荣誉，没有爵位却尊贵，没有俸禄却富有，没有官职却地位高，这叫作奸民。所谓治理得好的君主，没有忠臣；慈爱的父亲，没有孝子；要求没有亲善的言语，都要用法律来相互窥察，使（他们）相互纠正，不能单独做坏事，也不能同别人一起做坏事。所谓富有的人，是指收入多而支出少。穿衣有规制，饮食有准则，那么支出就少；女人在家尽力做事，男人在外竭力工作，那么收入就多。

注释

1 **滥：**无节制，过度。

2 **废法作私爵禄之富贵：**作，兴起。私，个人的，自己的。这里指个人意见。

3 **涂：**通“途”，途径。

4 **欲：**当作“俗”。

5 **长**(zhǎng)**：**地位高，尊贵。

6 **司：**通“伺”，窥察。

7 **命相正：**命，使，令。正，纠正。

8 **节：**准则，法度。

原文

所谓明者，无所不见，则群臣不敢为奸，百姓不敢为非。是以人主处匡[1]床之上，听丝竹之声[2]而天下治。所谓明者，使众不得不为；所谓强者，天下胜。天下胜，是故合力。是以勇强不敢为暴，圣知不敢为诈而虚[3]用，兼天下之众，莫敢不为其所好而避其所恶。所谓强者，使勇力不得不为己用。其志足天下，益之；不足天下，说之。恃天下者，天下去之；自恃者，得天下。得天下者，先自得者也；能胜强敌者，先自胜者也。

译文

所谓圣明的人，没有什么地方他看不到，那么大臣们就不敢做奸邪的事，百姓就不敢做坏事。因此，君主在方床上，听着丝竹音乐，天下便太平了。所谓圣明的人，是能使民众不得不做事的人；所谓强大的人，是能征服天下的人。天下被征服了，是因为联合了全部力量。所以勇猛强悍的人不敢行凶，圣明聪慧的人不敢做奸诈之事且不敢拒绝被任用，全天下的人，没有谁敢不去做君主喜欢的事且避开君主厌恶的事。所谓强大的人，能使勇敢和有力量的人不得不被自己所使用。他的志向能满足天下人，（天下人）会得到好处；（他的志向）不能满足天下人，（天下人）也会欢喜。倚仗天下的人，天下会抛弃他；倚仗自己的人，才能取得天下。取得天下的人，先要得到自己；能战胜强敌的人，先要能战胜自己。

注释

1 **匡：**方。

2 **丝竹之声：**泛指音乐。丝，弦乐器。竹，管乐器。

3 **虚：**空无，引申为拒绝。

原文

圣人知必然之理，必为之时势，故为[1]必

译文

圣人明白社会必然发展的道理，一定要顺应时机和形势，所以制定必定能治理好国

治之政，战必勇之民，行必听之令。是以兵出而无敌，令行而天下服从。黄鹄[2]之飞，一举千里，有必飞之备[3]也。丽丽巨巨[4]，日走千里，有必走之势[5]也。虎豹熊罴鸷[6]而无敌，有必胜之理也。圣人见[7]本然之政，知必然之理，故其制民也如以高下制水，如以燥湿制火。故曰：仁者能仁于人，而不能使人仁；义者能爱于人，而不能使人爱；是以知仁义之不足以治天下也。圣人有必信之性，又有使天下不得不信之法。所谓义者，为人臣忠，为人子孝，少长有礼，男女有别。非其义也，饿不苟[8]食，死不苟生。此乃有法之常也。[9]圣王者不贵义而贵法，法必明，令必行，则已矣。

家的政策，打仗使用必定勇敢的民众，能施行（民众）必定听从的命令。因此军队出征就没有敌手，命令施行了天下人就服从。黄天鹅飞翔，一飞就是千里，（是因为它）具有必定能飞翔的翅膀。骏马一天能跑千里，（是因为它）具有必定能奔跑的力量。虎、豹、熊、罴凶猛无敌，（是因为它们）具有必定能战胜（其他野兽）的特性。圣人知道政事的根本，了解社会必然发展的道理，所以他统治民众如同依靠（地势的）高低来控制水流一样，如同凭借（事物的）干湿来控制火一样。所以说：仁爱的人能对别人仁爱，却不能使别人仁爱；有道义的人能给别人恩惠，却不能使别人给（他人）恩惠；所以知道仁爱、道义并不能够用来治理天下。圣人具有必定使人信服的品性，又有能够使天下人不得不相信的法度。所谓有道义的人，就是做臣子时忠诚，做儿子时孝顺，对长幼有礼节，对男女有分别。不合乎道义，就是饥饿也不苟且吃饭，死也不苟且偷生。这是人的品性所具有的，却不是法度的纲常。（所以）圣明的君王不重视道义而重视法度，法度必定严明，命令必定实行，那就够了。

注释

1 **为：**制定。

2 **黄鹄:**天鹅的一种,形似鹤,色苍黄。鹄,天鹅。

3 **备:**装备,设备。

4 **丽丽巨巨:**应是“蛩(qióng)蛩巨丘”,是传说中的善于奔跑的骏马。

5 **势:**力量。

6 **罴鸷(pízhì):**罴,棕熊。鸷,凶猛。

7 **见:**知道。

8 **苟:**苟且,随便。

9 **此乃有法之常也:**采用陶鸿庆先生之说,此句有脱文,当为“此乃性之有,非法之常也”。

境内第十九

导读

这篇文章主要记述了秦国落实重战方略的具体措施,如要将人人登记在册,以便于国家了解适合作战的生力军状况,有爵位的人也必须派人服兵役。接着具体叙述了军队中将领作战所获战绩应得的赏赐以及失利情况下的惩处,并且对战争中官吏的爵位升迁作了说明。文中还谈及战争结束后的奖惩安排。这些内容较为零散,不一定是商鞅所作,但也鲜明地体现了秦国的重战谋略和思想。

原文

四境之内,丈夫女子皆有名于上,者著[1],死者削。其有爵者乞,无爵者以为庶子,级乞

译文

国家四境内,男人和女人都在官府的户籍簿上登记了名字,新出生的人便登记上去,死去的人就去掉。那些有爵位的人可以请求没有爵位的人做自己的家臣,一级(爵位)可

一人。[2]其无役事[3]也，其庶子役[4]其大夫，月六日；其役事也，随而养之军。

以请求一个人。国家没有战事的时候，那些家臣为大夫外出供职，每月六天；国家有战事时，（那些家臣）就随军接受役使。

注释

1 **者著：**当补“生”字，即为“生者著”。著，登记的意思。

2 **有爵者乞，无爵者以为庶子：**乞，请求，祈求。庶子，这里指家臣。

3 **役事：**军事。

4 **役：**外出供职。

原文

爵自一级已下至小夫命曰校、徒、操[1]，出公[2]。爵自二级已上至不更命曰卒[3]。其战也，五人来簿[4]为伍，一人羽而轻其四人[5]，能人得一首则复[6]。夫劳爵，其县过三日有不致士大夫劳爵能。[7]五人一屯长，百人一将。其战，百将屯长不得[8]，斩首得三十三首以上盈论[9]，百将屯长赐爵一级。五百主，短兵[10]五十人；二五百主，将之主，短兵百；千石之令[11]，短兵百人；八百之令，短兵八十

译文

（军队的）爵位从第一级以下到小夫，任命为校、徒、操，开头第一级爵位是公士。爵位从第二级以上到不更，任命为卒。（他们）在作战时，每五个人束缚在一起登记在簿册上为一伍，（如果其中）一人逃跑，就惩罚另外四人；（如果其中）一人能取得（敌人）首级一颗，那么就消除（刑罚）。五个人设一个屯长，一百个人设一个将官。（他们）在作战时，（如果）将官、屯长不后退，斩（敌人）首级得到三十三颗以上，满足评定（爵位的标准），那么将官、屯长就赏赐爵位一级。（统领）五百人的长官有持刀剑兵器的士兵五十人；统领一千人的长官，是将领的长官，有持刀剑兵器的士兵一百人；一年俸禄为一千石粮食的长官，有持刀剑兵器的士兵一百人；一年俸禄为八百石粮食的长官，有持刀剑兵器的士兵八十人；一年俸禄为七百石粮食的长

人；七百之令，短兵七十人；六百之令，短兵六十人；国封尉[12]，短兵千人；将，短兵四千人。战及死吏，而轻[13]短兵，能一首则优[14]。能攻城围邑斩首八千已上则盈论，野战斩首二千则盈谕[15]。吏自操及校以上大将尽赏。

官，有持刀剑兵器的士兵七十人；一年俸禄为六百石粮食的长官，有持刀剑兵器的士兵六十人；国尉有持刀剑兵器的士兵一千人；大将有持刀剑兵器的士兵四千人。（如果）作战时死了官吏，那就惩罚持刀剑兵器的士兵，（如果其中）有人能取得敌人的一颗首级，那么就消除刑罚。能在攻打、围困敌人的城邑时斩获敌人首级八千颗以上，那么就满足评定（爵位的标准）；在野外战斗中能斩获敌人首级两千颗，那么就满足了评定（爵位的标准）。官吏从操、校以上到大将都得到奖赏。

注释

1 **爵自一级已下至小夫命曰校、徒、操：**据《汉书·百官公卿表》，秦国的爵位分二十级："爵：一级曰公士，二上造，三簪袅，四不更，五大夫，六官大夫，七公大夫，八公乘，九五大夫，十左庶长，十一右庶长，十二左更，十三中更，十四右更，十五少上造，十六大上造，十七驷车庶长，十八大庶长，十九关内侯，二十彻侯。皆秦制，以赏功劳。"

2 **出公：**始于公士，即爵位的第一级为公士。

3 **卒：**与前文"校""徒""操"一样都是官名。

4 **来簿：**来，当作"束"，束缚的意思。簿，簿册。

5 **一人羽而轻其四人：**取高亨之说，羽疑当作"兆"，通"逃"。轻，当为"刭(jǐng)"，用刀、剑断头。意思是五人之中，一人逃跑，另外四人就受断头之刑罚。

6 **复：**消除。

7 **夫劳爵，其县过三日有不致士大夫劳爵能：**这句话与上下文意思不相属，孙诒让先生疑这句当在后文"将军以不疑致士大夫劳爵"下。本文采用此说，放在后文翻译。

8 **得:**据朱师辙的观点,应改“得”为“退”,不得,即不后退。
9 **盈论:**盈,满足。论,评定。
10 **短兵:**持刀剑的士兵,与持弓箭的士兵相对而言。
11 **千石之令:**一年俸禄为一千石粮食的长官。令,治理万户以上人口的长官名。
12 **国封尉:**封,为衍字。国尉,官名,掌管全国兵政。
13 **轻:**当为“刭”,用刀剑断头。
14 **优:**当为“复”,消除的意思。
15 **谕:**当为“论”,评定的意思。

原文

行间之吏也,故[1]爵公士也,就为上造也;故爵上造,就为簪褭;就为不更;[2]故爵为大夫;[3]爵吏而为县尉,则赐虏[4]六加五千六百。爵大夫而为国治[5],就为大夫,故爵大夫,就为公大夫;[6]就为公乘;[7]就为五大夫;[8]则税邑三百家;[9]故爵五大夫[10],皆有赐邑三百家,有赐税三百家。爵五大夫,有税邑六百家者受客[11]。大将御参皆赐爵三级[12],故客卿相论盈就正卿。[13]就为大庶长。故大庶长,就

译文

军队中的官吏,原来的爵位是公士,升为上造;原来的爵位是上造,升为簪褭;(原来的爵位是簪褭,)升为不更;(原来的爵位是不更,)升为大夫。有爵位的官吏并且是县尉的,那么就赏赐六个奴仆,加上五千六百石俸禄。有爵位的大夫并且是国尉的,那么就(赏赐)三百户食邑。原来的爵位是大夫,就升为官大夫;原来的爵位是官大夫,就升为公大夫;原来的爵位是公大夫,就升为公乘;原来的爵位是公乘,就升为五大夫;原来的爵位是五大夫,就升为大庶长;原来的大庶长就升为左更;原来的左更、中更、右更这三更,就升为大良造。(他们)都赏赐三百户的封邑和三百户的赋税。爵位是五大夫且有食邑六百家就可以收养门客。大将、驾车

原文	译文
为左更。故四更[14]也，就为大良造。[15]	之人、坐在车右陪乘的人都赏赐爵位三级，原来的客卿辅助（有功），满足评定（爵位的标准），就升为正卿。

注释

1 **故：**旧的，原来的。

2 **就为不更：**前面当补"故爵簪袅"。

3 **故爵为大夫：**当作"故爵不更，就为大夫"。

4 **虏：**奴隶，奴仆。

5 **爵大夫而为国治：**治，当作"尉"。此段下文中的"则税邑三百家"当移到这句话后面，与"爵吏而为县尉，则赐虏六加五千六百"句式相同。

6 **就为大夫，故爵大夫，就为公大夫：**"就为大夫，故爵大夫"句依《汉书·百官公卿表》当作"故爵大夫，就为官大夫。故爵官大夫"。这句话补充完整，就是"故爵大夫，就为官大夫。故爵官大夫，就为公大夫"。

7 **就为公乘：**这句话前面应作"故爵公大夫，就为公乘"。

8 **就为五大夫：**这句话前面应作"故爵公乘，就为五大夫"。

9 **税邑三百家：**税邑，通常称为食邑或采邑，是古代卿大夫受封的城邑，卿大夫的俸禄来自食邑的税收。

10 **故爵五大夫：**此段有错简，下文"就为大庶长。故大庶长，就为左更。故四更也，就为大良造"应移到这句话后面，接着才是"皆有赐邑三百家"等文字。

11 **受客：**接受门客。

12 **大将御参皆赐爵三级：**御，驾车，这里指驾车之人。参，通"骖(cān)"，这里指骖乘，即在车右陪乘的人，古代多以身强力壮的人充当。古代乘车，尊贵的主人或主将居左，驾车人居中，陪乘的人居右。

13 **客卿相论盈就正卿：**客卿，官名。其他国家的人到秦国做官，其位为卿，而以客礼待之，所以称客卿。相，辅助。论盈，应作"盈论"。正卿，春秋时期诸侯国的最高执政大臣，权力仅次于国君。

14 **四更：**"四"字乃"三"字之误。爵位十二、十三、十四等分别叫作左更、中更、右更，合称三更。

15 此段错落之处颇多，补充调整后应是："行间之吏也，故爵公士也，就为上造也；故爵上造，就为簪袅；故爵簪袅，就为不更；故爵不更，就为大夫。爵吏而为县尉，则赐虏六加五千六百。爵大夫而为国尉，则税邑三百家。故爵大夫，就为官大夫；故爵官大夫，就为公大夫；故爵公大夫，就为公乘；故爵公乘，就为五大夫；故爵五大夫，就为大庶长；故大庶长，就为左更；故三更也，就为大良造。皆有赐邑三百家，有赐税三百家。爵五大夫，有税邑六百家者受客。大将御参皆赐爵三级，故客卿相论盈就正卿。"这里按照调整后翻译。大良造，爵名，是十六等爵。

原文

以[1]战，故暴首三[2]，乃校[3]三日，将军以不疑致士大夫劳爵[4]。其县四尉，訾[5]由丞尉。能得爵首一者，赏爵一级，益田一顷，益宅九亩，一除庶子一人[6]，乃得人[7]兵官之吏。其狱法：高爵訾下爵级。高爵能[8]，无给有爵人隶仆。爵自二级以上有刑罪则贬，爵自一级以下有刑罪则已，小失[9]死。以上至大夫[10]，其官级一等，其墓树[11]级一树。

译文

战争结束，把敌人的尸首示众三天，也查对三天，将军认为没有疑问了，就给予士大夫功劳和爵位。（如果）县里过了三天还没有给予功劳和爵位，那么就罢免县里的四个尉官，由丞尉来计量。能斩获有爵位的敌人首级一颗，就奖赏爵位一级，增加田地一顷，增加住宅地九亩，一级（爵位）只给予家臣一人，（他）才能充当军队或朝廷的官吏。国家刑法规定：爵位高的人来计算爵位和级别低的人。爵位高的人被罢免，不再提供有爵位的人应有的奴仆。爵位是二级以上的，犯了罪就降低（他的爵位等级）；爵位是一级以下的，犯了罪就取消（他的爵位），小夫（犯罪）则处死。公士以上到大夫，官职的级别每高一级，他坟墓旁种的树按级别就多一棵。

注释

1 **以:**通“已”,结束。

2 **故暴(pù)首三:**故,死亡,这里指死去的敌人。暴,“曝”的古字,日晒,这里引申为示众。

3 **校(jiào):**查对。

4 **将军以不疑致士大夫劳爵:**致,给予。此文有错简,应将前文“夫劳爵,其县过三日有不致士大夫劳爵能”移到此句后面。这里的“能”当作“罢”,罢免的意思。

5 **訾(zī):**计量,计算。

6 **一除(zhù)庶子一人:**一除,与前文的“级乞一人”意思类似,意思是一级爵位只给予一个家臣。除,给予。

7 **人:**当作“入”,犹“充”。

8 **能:**当作“罢”,罢免的意思。

9 **失:**当作“夫”字。

10 **以上至大夫:**此处疑当作“公士至大夫”。

11 **墓树:**春秋战国时墓葬的等级制度。去世的人级别越高,在墓旁种的树越多。

原文

其攻城围邑也,国司空訾其城之广厚之数[1],国尉[2]分地,以徒校分积尺[3]而攻之。为期曰:“先已者,当为最启[4];后已者,訾为最殿[5]。再訾则废。”内通则积薪[6],积薪则燔柱[7]。陷队

译文

在围攻(敌人)城邑的时候,司空计量城墙的宽度和厚度,国尉划分地段,让徒、校各分得若干面积来攻打。订立好日期说:“先完成任务的就评为最先进,后完成任务的就列为最下等。两次评定(为最下等)就废黜。”打通(城墙的)洞穴就堆积柴火,堆好柴火就焚烧(支撑城墙的)木柱。攻克(前进)道路的十八名先锋队的士兵以背相对(生死相依),先锋队的士兵,知道要速战速决、不能后退,

之士面十八人[8]，陷队之士，知疾斗不得[9]，斩首队五人，则陷队之士人赐爵一级。死则一人后，不能死之，千人环[10]。规谏，黥劓[11]于城下。国尉分地，以中卒[12]随之。将军为木壹[13]，与国正监与正御史参望之[14]。其先入者举[15]为最启，其后入者举为最殿。其陷队也尽其幾者[16]，幾者不足，乃以欲级益[17]之。

（如果）将（敌人）行列中的五人斩首，那么先锋队的士兵就每人赏赐爵位一级。（如果）战死，那么就由他家里的一人来继承他的爵位；（如果）不能拼死杀敌，就在上千人前车裂。（如果有人）劝谏，就在城下（对他）使用涂墨、割鼻的刑罚。国尉划分地段，使中军的卒官（率领队伍）跟随先锋队（攻城）。将军搭起木台，和国家的正监及君主派来的御史一同察看（战斗情况）。先进城的战士记为最先进，后进城的战士记为最下等。那些先锋队里合格的先锋士兵战死了，合格的士兵不够，就用想要晋级的士兵来补足。

注释

1 **国司空訾其城之广厚之数：**司空，官名，掌管工程建筑与器械制造。訾，计量，计算。城，城墙。

2 **国尉：**官名，掌管军事。

3 **积尺：**面积或体积的大小。

4 **启：**指名次在前。

5 **殿：**指考绩的最下等。

6 **内通则积薪：**内，采用孙诒让先生之说，当为“穴”。积薪，堆积柴火。

7 **燔(fán)柱：**燔，焚烧。柱，古代筑城是先打上木桩作为基础，然后垒砌城墙，一旦支撑城墙的柱子被烧毁，那么城墙就倒塌。

8 **陷队之士面十八人：**陷，攻克的意思。队，通“隧”，泛指道路。陷队之士，是指战争中的先锋队或敢死队，为后面的大部队扫除前进障碍。面，通“偭(miǎn)”，以背相对。这里指十八名先锋队士兵生死相依，是一个整体。

9 **知疾斗不得**:疾,急速。斗,战斗。得,当作“退”。

10 **环**:采用孙诒让先生观点,当读为“轘(huàn)”,车裂的意思。

11 **黥劓**(qíngyì):黥,古代墨刑,在犯人身上刻字涂墨。劓,古代割鼻的酷刑。

12 **中卒**:中军之卒。古代行军打仗分左、中、右三军。卒,官名。

13 **壹**:“臺(台)”字之误。木台,意思为构木为台,以便瞭望。

14 **与国正监与正御史参望之**:正监,官名,主管监察事务。正御史之“正”,当作“王”,指秦王特派的御史。参,齐,同。

15 **举**:记,登记。

16 **尽其幾者**:尽,死。幾,及也,及格、合格的意思。

17 **益**:补助。

弱民第二十

导读

此篇主旨是去民之强,所以篇名为《弱民》,意思就是使民众怯弱。弱民的实质是使民众服从国家法令,不与国家对抗。作者一开始就指出民之强弱与国家强弱的对立关系,即民强则国弱,民弱则国强,所以国家强大就必须要使民众怯弱,不可强悍。具体措施就是除去六种弊害,即使农民、商人和官员都遵奉法度,安分守己,最大限度地去除私利,最大限度地为国家利益服务。这样贫弱的民众才会竭力耕战、效命战场。而保障国家强大、民众贫弱的利器则是法制,在作者看来,这是明君所为,若失去法度,国家就不可能真正强大。

原文

民弱，国强；国强，民弱。[1] 故有道之国务在弱民。朴则强，淫则弱。弱则轨，淫则越志。弱则有用，越志则强。[2] 故曰：“以强去强者弱，以弱去强者强。”

译文

人民弱，国家就强；人民强，国家就弱。所以治国有道的国家力求使人民弱小。人民朴质则怯弱，放纵则强悍。怯弱则守法，强悍则放纵任性。守法则可治理，放纵任性则混乱。所以说：“采用使民众强大而不听从法令的政策来除去强悍而不守法的民众，国家必定弱小；采用使民众服从法令的政策来除去强悍而不守法的民众，国家必定强大。”

注释

1 **民弱，国强；国强，民弱：**依据简书、高亨的观点和全文之意，此句当作“民弱，国强；民强，国弱”。

2 **朴则强，淫则弱。弱则轨，淫则越志。弱则有用，越志则强：**此六句不通。依简书和高亨的观点，宜为“民朴则弱，淫则强。弱则轨，强则越志。轨则有用，越志则乱”。淫，放纵。轨，遵循，这里指守法。越志，放纵任性。

原文

民善之则亲，利之用则和，用则有任，和则匮，有任乃富于政。[1] 上舍法，任民之所善，故奸多。

译文

任用善人，那么民众就会亲近自己的亲人；任用奸人，那么民众就会亲近法制。联合（别人）并掩盖罪恶的人，是善人；（从群体）分离出来并窥察罪恶的人，是奸人。表彰善人就会隐藏过错，任用奸人就会诛杀罪恶。君主舍弃法制，采用民众所认同的仁善之道（来治国），所以奸邪的人和事就多。

注释

1 **民善之则亲，利之用则和，用则有任，和则匮，有任乃富于政：**此句脱误严重，文字难以解读。今从蒋礼鸿先生之说，认为此句与《说民》篇这段文字意思相同，即“用善，则民亲其亲；任奸，则民亲其制。合而复者，善也；别而规者，奸也。章善则过匿，任奸则罪诛。过匿则民胜法，罪诛则法胜民”。都是说不可用善人和善道治国。因此，此处用《说民》篇“用善，则民亲其亲；任奸，则民亲其制。合而复者，善也；别而规者，奸也。章善则过匿，任奸则罪诛”来替代此句。

原文

民贫则力富，力富则淫，淫则有虱。[1]故民富而不用[2]，则使民以食出各必有力[3]，则农不偷。农不偷，六虱无萌。故国富而民治[4]，重强。兵易弱难强，民乐生[5]安佚[6]；死，难；难正[7]。易之则强。事有羞，多奸；寡赏，无失。多奸疑敌，失必利。兵至强，威；事无羞，利。用兵久处利势，必王。故兵行敌之所不敢行，强；事兴敌之所羞为，利。

译文

民众贫穷则弱小，国家富裕则放纵，放纵则有弊端。所以民众富裕就不遵从（法令），致使百姓以粮食来换取官爵，官爵（的取得）必须凭借（他们）的力气，那么农民就不怠惰。农民不怠惰，六种弊害就不会萌生。所以国家富裕当以（使百姓）贫穷为治理目的，（国家就）强上加强。兵力容易衰弱难以增强，民众都乐于活着，贪图安逸；（让他们）赴死难，且以征伐为难。（这些事）容易了（军队）就强大。（民众）以战事为羞耻之事，奸诈就多；节制奖赏，就不会有过错。奸诈多，对敌人多疑，犯错必然对敌方有利。兵力强大，就有威力；对战事没有羞耻感，就有利。用兵打仗长期处于有利形势，必然称王天下。所以军队要做敌人不敢做的事情，才会强大；做敌人感到羞耻的事，就有利。

注释

1 **民贫则力富，力富则淫，淫则有虱**：《说民》篇说“民贫则弱，国富则淫。淫则有虱”。此句有误，当依《说民》篇改。

2 **用：**服从，遵从。

3 **使民以食出各必有力：**取蒋礼鸿之说，当为“使民以食出官爵，官爵必以其力”。

4 **民治：**当为“贫治”。《去强》：“国富而贫治，曰重富，重富者强。”

5 **乐生：**乐，乐于。生，活着。

6 **安佚：**安，乐意。佚，安逸。

7 **正：**征伐。

原文

法有，民安其次[1]；主变，事能得齐[2]。国守[3]，安；主操权，利。故主贵多变，国贵少变。

译文

法度有常，人民才能安居其位；君主随机应变，政事就能够成功。国家坚守法度，就安稳；君主操纵大权，就有利。因此君主贵在变化多端，国家贵在少作变动。

注释

1 **次：**等第，次序。

2 **齐：**通“济”，成功。

3 **国守：**“守”下疑脱“法”字，即应为“国守法”，与“法有，民安其次”相应。

原文

利出一孔[1]则国多物，出十孔则国少物。守一则治，守十则乱。治则强，乱则弱。强则物来，弱则物去。故国致物则强，去物则弱。

译文

爵禄的奖赏（如果）只出自（农战）这一个渠道，那么国家的物资就多；（如果爵禄的奖赏）出自十个渠道，那么国家物资就会少。遵奉农战这一个渠道，国家就治理得好；遵奉十个渠道，国家就会治理混乱。（国家）治理得好就强大，（国家）治理混乱就弱小。（国家）强大就会聚集物资，（国家）弱小就会丧失物资。所以，国家聚集物资就会强大，丧失物资就会弱小。

注释

1 **利出一孔：**见《农战》篇“民见上利之从一孔出也，则作壹”。孔，渠道、通道的意思。一孔，指农战这一个渠道。十孔，即《农战》篇所说的“《诗》《书》、礼、乐、善、修、仁、廉、辩、慧”。

原文

民辱则贵爵，弱则尊官，贫则重赏。以刑治民则乐用，以赏战民则轻死。故战事兵用曰强。民有私荣则贱列[1]卑官，富则轻赏。治民羞辱以刑战，则战民畏死。事乱而战，故兵农怠而国弱。农商官三者，国之常食[2]官也。农辟地，商致物，官法[3]民。三官生虱六，曰岁，曰食，曰美，曰好，曰志，曰行。六者有朴，必削。农有余食，则薄燕[4]耳于岁。商有淫[5]利，有美好伤器。官设而

译文

民众屈辱就会崇尚爵位，弱小就会尊敬官职，贫穷就会重视赏赐。（国家）用刑罚来治理，民众则乐于被役使；用奖赏来激励作战，民众则不在乎死亡。所以进行作战、任用士兵，就强大。民众有非国家给予的荣誉，就会轻贱爵位、轻视官职；（民众）富裕就会轻视（国家给予的）奖赏。治理民众以刑罚和作战为羞辱之事，那么作战的民众就畏惧牺牲。政事混乱时作战，因此士兵和农民怠惰而国家衰弱。农民、商人、官吏是国家固定不变的职业。农民开垦土地，商人流通货物，官吏治理民众。这三种职业生成六种弊害：在收成上，农民游惰，使年岁歉收；在吃的方面，农民不务正业，白吃粮食；在对待美好的货物方面，商人只贩卖华丽而无用的东西；在玩好方面，商人贩卖让人不务正业的物品；在志向方面，官吏志于营私舞弊，为私不为公；在行为方面，官吏贪赃枉法，损害国家利益。六种职事存在弊害，那么国家必然削弱。农民有了余粮，就终年安闲（，不务生产）。商人有了厚利，便贩卖华丽无用让人不务正业的物品，从而妨害了实用器物的（经营）。官吏设置了而不为国家出力，志于营私舞

不用，志行为卒[6]。六虱成俗，兵必大败。

弊、贪赃枉法的行为就多了。六种弊害形成风气，打仗必定大败。

注释

1 **列**：位次的意思。

2 **食**：衍文。

3 **法**：当作"治"，形似而误。

4 **薄燕**(yān)：薄，发语词。燕，安闲。

5 **淫**：大。

6 **卒**：众。

原文

法枉，治乱；任善，言多。治众，国乱；言多，兵弱。法明，治省[1]；任力，言息。治省，国治；言息，兵强。故治大，国小；治小，国大。

译文

法律被歪曲，治理就混乱；任用贤良之人，空谈的言论就多。治理措施众多，国家就混乱；空谈的言论众多，兵力就衰弱。法度严明，治理就好；依凭力量，空谈的言论就会止息。治理得好，国家就安定；空谈的言论止息，兵力就强大。所以治理措施过多，国家就弱小；治理措施少，国家就强大。

注释

1 **省**(xǐng)：善的意思。

原文

政作民之所恶，民弱；政作民之所乐，民强。民弱，国强；民强，国弱。故民之所乐，民

译文

政策制定的是民众所厌恶的，民众就怯弱；政策制定的是民众所喜乐的，民众就强悍。民众怯弱，国家就强大；民众强悍，国家就削弱。所以民众所喜欢的政策（会使）民

强。民强而强之，兵重[1]弱。民之所乐，民强。民强而弱之，兵重强。故以强重弱，弱重强，王。以强政强弱，弱存。以弱政弱强，强去。强存则弱，强去则王。故以强政弱，以弱政强，王也。[2]

众强悍。民众强悍，（再用政策使他们）强悍，（那么）兵力就会弱上加弱。民众所喜欢的政策（会使）民众强悍。民众强悍，而（采用政策使他们）怯弱，（那么）兵力就会强上加强。所以以（国家）的强大加重民众的弱小，民众弱小就能使国家更强大，就能称王天下。以使民众强悍的政策去除民众的强悍，民众仍然强悍。以使民众怯弱的政策去除民众的强悍，民众的强悍就去除了。（民众的）强悍留存那么（国家就）削弱，（民众的）强悍去除了那么（国家就能）称王天下。所以以使民众强悍的政策去除（民众的）强悍，（国家就能）削弱；以使民众怯弱的政策去除（民众的）强悍，（国家就能）称王天下。

注释

1 重(zhòng)：加重，增加。

2 **以强政强弱，弱存。以弱政弱强，强去。强存则弱，强去则王。故以强政弱，以弱政强，王也**：这句话采用蒋礼鸿先生的说法，校正为"以强攻强，强存。以弱攻强，强去。强存则弱，强去则王。故以强攻强，弱；以弱攻强，王也"。

原文

明主之使其臣也，用必加于功，赏必尽[1]其劳。人主使其民信此如日月，则无敌矣。今离娄[2]见秋豪之末，不能以明目易人；乌获[3]

译文

明君役使他的臣子，任用时必然施加功劳给臣子，奖赏时必然以财货奖赏其功劳。君主使他的民众相信这一点就像相信日月一样，那么就能无敌于天下了。离娄能看清鸟兽在秋天长出来的细毛的末梢，却不能把自己的好眼力给别人；乌获能够举起上万斤

举千钧之重，不能以多力易人；圣贤在[4]体性也，不能以相易也；今当世之用事者，皆欲为上圣，举法之谓也。背法而治，此任重道远而无马牛，济大川而无舡楫[5]也。今夫人众兵强，此帝王之大资也；苟非明法以守之也，与危亡为邻。

的重量，却不能把自己的大力气给别人；圣人所具有的天性，不能给与人；如今掌握政权的人，都想成为大圣人，（那就要）实行法制。背弃法度治理国家，好比任重道远而没有马、牛，想渡过大河而没有船、桨。人口众多、兵力强大，这是成就帝王大业的资本；假如不用严明的法制来守卫它，（那么）国家就与危亡接近了。

注释

1 **尽：**通 “赆(jìn)”，意思是以财货与人。

2 **离娄：**传说黄帝时期视力特别好的人。

3 **乌获：**战国时期秦国的大力士。

4 **在：**存。

5 **济大川而无舡(chuán)楫：**济，渡。舡，舟。楫，船桨。

原文

故明主察法，境内之民无辟淫之心，游处之士迫于战阵，万民疾[1]于耕战。有[2]以知其然也？楚国之民，齐疾而均，速若飘风。[3]宛钜铁釶，利若蜂虿。[4]胁蛟犀兕[5]，坚若金石。江、汉以为池[6]，汝、颍以为限，

译文

所以，明君细究法度，境内的民众没有邪辟淫荡的念头，游客处士都逼迫着战斗，百姓都尽力于农耕和作战。怎么知道是这样的呢？楚国的民众，行动敏捷而整齐协调，动作快得像旋风。宛地出产的坚铁制作成的矛，锋利得像蜂、虿的毒刺一样。（他们）穿着鲛鱼皮、犀兕皮制成的铠甲，坚硬得像金属、石头一样。（他们）以长江、汉水作为护城河，以汝水、颍水作为

隐以邓林,缘以方城。[7]秦师至,鄢郢举,若振槁。[8]唐蔑死于垂涉,庄蹻发于内,[9]楚分为五[10]。地非不大也,民非不众也,甲兵财用非不多也,战不胜,守不固,此无法之所生也。释[11]权衡而操轻重者。

边界,以邓林来掩护,以方城来环绕。(但是)秦军一到,鄢郢被攻下,如同摇动枯叶一样。楚将唐蔑战死在垂涉,庄蹻在国内起义,楚国分裂成五个部分。(楚国)领土不是不大,民众不是不多,兵甲财物不是不充足,(然而)作战却未取胜,防守也不坚固,这是因为没有法度的结果。(这也是)舍弃秤锤、秤杆而想要计量轻重的(行为)。

注释

1 **疾:**竭力。

2 **有:**当作"何",或当作"奚"。

3 **齐疾而均,速若飘风:**齐,疾的意思。齐与疾都是行动敏捷之意。均,整齐。飘,回风也。飘风即旋风。

4 **宛钜(jù)铁釶(shī),利若蜂蠆(chài):**宛,楚国地名,即今河南南阳。钜,坚铁。釶,矛。蠆,蝎子一类的毒虫。蜂蠆,有毒刺的螫虫。

5 **胁蛟犀兕(sì):**胁,胸部的两侧,这里作动词,指穿。蛟,通"鲛",鲛鱼皮可以作盔甲。犀兕,指以犀兕皮制的铠甲。这是说楚兵披鲛鱼、犀、兕之甲,坚若金石。

6 **池:**护城河。

7 **隐以邓林,缘以方城:**隐,掩护。邓林,古地名,战国时楚国边境。缘,环绕。方城,春秋时楚国北部的长城。

8 **鄢郢(yānyǐng)举,若振槁:**鄢郢,地名,在今湖北宜城西。举,攻下。振,摇动。槁,枯叶。

9 **唐蔑死于垂涉,庄蹻(qiāo)发于内:**唐蔑,战国时楚国大将。垂涉,地名,《荀子·议兵》作"垂沙"。庄蹻,战国时楚国农民起义领袖。

10 **楚分为五:**《荀子·议兵》篇为:"楚人鲛革犀兕以为甲,鞈如金石。宛钜铁鉇，惨如蜂虿。轻利僄遬，卒如飘风。然而兵殆于垂沙，唐蔑死。庄蹻起，楚分而为三四。……汝颍以为险，江汉以为池，限之以邓林，缘之以方城。然而秦师至而鄢郢举，若振槁然。”这里是唐蔑先死，次庄蹻起，次鄢郢举。可能是后来者误将《荀子》杂入此书中。

11 **释**：舍弃。

御盗第二十一（篇亡）

外内第二十二

导读

此篇再次重申国家要强大、富有，必须重视作战和农耕。作者认为，在对外事务上，民众畏惧的是打仗，所以必须用严苛的律法，施行重赏重惩，堵塞不打仗而获得功名的途径，才能使民众舍生忘死去打仗。在对内事务上，最苦的就是务农。要想使民众集中力量务农，不从事商业和手工业，就要使农民获利，并对商人和手工业者征收重税。在作者看来，只有战士和农民获利了，国家才能强大、富有。

原文

民之外事莫难于

译文

民众的对外事务最难的莫过于作战

战，故轻[1]法不可以使之。奚谓轻法？其赏少而威薄[2]，淫[3]道不塞之谓也。奚谓淫道？为辩知者贵，游宦者任，文学私名显之谓也。三者不塞，则民不战而事失矣。故其赏少则听[4]者无利也，威薄则犯者无害也。故开淫道而以轻法战之，是谓设[5]鼠而饵以狸也，亦不幾[6]乎！故欲战其民者必以重法，赏则必多，威则必严，淫道必塞，为辩知者不贵，游宦者不任，文学私名不显。赏多威严，民见战赏之多则忘死，见不战之辱则苦生。赏使之忘死而威使之苦生，而淫道又塞，以此遇[7]敌，是以百石之弩[8]射飘叶也，何不陷之有哉？

了，所以不严苛的法律不能用来使他们（作战）。什么叫不严苛的法律呢？就是指奖赏少且惩罚小，迷惑人的途径不被堵塞。什么叫迷惑人的途径呢？就是指搞诡辩、耍聪明的人能得到尊敬，游走求官的人得到任用，善于文献典籍、学说的人的个人名声得到显扬。这三条途径不被堵塞，那么民众就不会作战，战事就会失败。所以国家奖赏少，那么听从法律的人就得不到好处；惩罚小那么触犯法律的人就不会受到伤害。所以开放迷惑人的途径，并且用不严苛的法律来作战，就好像捕捉老鼠却用猫为诱饵，这是没有希望的！所以想要使自己的民众去打仗，必须用严苛的法律，奖赏必须优厚，惩罚必须严厉，迷惑人的途径必须堵塞，诡辩、聪明的人不被尊敬，游走求官的人不被任用，善于文献典籍、学说的人的个人名声不被显扬。奖赏优厚、惩罚严厉，（那么）民众看见优厚的奖赏就会忘却死亡，看见不作战的耻辱就会痛苦地活着。奖赏使人忘却死亡，惩罚使人痛苦活着，而且迷惑人的途径又被堵塞，用这样的民众对付敌人，就好像用百石的强弓去射飘落的树叶，怎能不攻陷呢？

注释

1 **轻**：不严苛。

2 **威薄**:威,惩罚,与"赏"相对。薄,少,小。

3 **淫**:迷惑。

4 **听**:听从。

5 **设**:捕捉。

6 **幾(jì)**:通"冀",希望。

7 **遇**:对付。

8 **百石(dàn)之弩**:石,弓弩强度单位。弩,用机械射箭的弓。

原文

民之内事莫苦于农,故轻治不可以使之。奚谓轻治?其农贫而商富,故其食贱者[1]钱重。食贱则农贫,钱重则商富;末事不禁,则技巧之人利而游食者众之谓也。故农之用力最苦,而赢利少,不如商贾技巧之人。苟能令商贾技巧之人无繁[2],则欲国之无富不可得也。故曰:欲农富其国者,境内之食必贵,而不农之征必多,市利之租必重。则民不得无田。无田,不得不易其食。食贵则田者利,田者利则事者众。食贵,籴[3]食不利,而又

译文

民众的国内事务最苦的莫过于务农了,所以不严苛的统治不能使他们(务农)。什么叫不严苛的统治呢?就是指农民贫穷而商人富有,所以农民的粮食便宜而商人的钱币贵重。粮食便宜那么农民就贫穷,钱币贵重那么商人就富有;工商业不禁止,那么手工业者就会获利,且游荡求食的人也会增多。所以农民用力最辛苦,可获利却少,不如商人和手工业者。如果能使商人和手工业者不多,那么想要国家不富有是不可能的。所以说:想要以农业来使自己的国家富有,国内的粮食一定要贵,而且对不从事农业的人征收的赋税一定要多,对贸易的利润的税收一定要重。那么民众就不得不种田。不种田,就不得不买粮食。粮食贵那么种田的人就获利,种田的人获利那么从事农耕的人就多。粮食贵,买粮食不划算,且又施加沉重的赋税,那么民众不得不抛弃商业和手工业,去从事农业生产了。所以民众的力量

加重征，则民不得无去其商贾技巧而事地利矣。故民之力尽在于地利矣。

故为国者，边利尽归于兵，市利尽归于农。边利尽归于兵者强，市利尽归于农者富。故出战而强，入休而富者王也。

都会用于农业生产上了。

所以治理国家的人，要把边境的利益都给战士，把贸易的利益都给农民。边境的利益都给战士的国家就强大，贸易的利益都给农民的国家就富有。因此，外出打仗就强悍，回来休整就富有的国家能称王天下。

注释

1 **者：**当作“而”。

2 **繁：**多。

3 **籴**（dí）**：**买进粮食。

君臣第二十三

导读

君臣，即君臣关系。此篇一开始就指出一个国家必须要有君臣上下等级之分，否则就会混乱不堪。具体来说，首先国家需要区分君臣上下等级，其次官员要有职责分工，最后必须设立法制，依法行事，以保障这二者的正常运转。同时，此篇强调了君主在国家治理中所具有的重要意义，即君主是关键，他的举动关切到民众的切身利益，会影响到民众的选择。因此，作者要求君主必须要重视法律和制度，并依照法律和制度来奖励农战，如此才能使国家强大、君主尊贵，这才是治国的最高境界。

原文

古者未有君臣上下之时，民乱而不治。是以圣人列贵贱，制爵位，立名号，以别君臣上下之义[1]。地广民众万物多，故分五官[2]而守之。民众而奸邪生，故立法制为度量[3]以禁之。是故有君臣之义，五官之分，法制之禁，不可不慎也。处君位而令不行则危，五官分而无常则乱[4]，法制设而私善[5]行则民不畏刑。君尊则令行，官修则有常事，法制明则民畏刑。法制不明而求民之行令也，不可得也。民不从令而求君之尊也，虽尧、舜之知不能以治[6]。

译文

古时没有君臣上下等级区分的时候，民众混乱而没有得到治理。因此圣人区分贵贱，制定爵位，设置名号，用来分出君臣上下等级关系的名分。土地辽阔、人口众多、物产丰富，所以分设司徒、司空、司马、司寇、司士五种官职来掌管。人口众多就会产生奸邪，所以建立法律制度作为衡量标准来禁止。因此有了君臣的名分，五种官职的分工，法律制度的禁令，对此不能不重视啊。处于君主之位然而（自己的）命令却不能够施行，那就危险了；五种官职已分设然而处理事务却没有常规，那就混乱了；法律制度设立了然而私惠风行，那民众就不畏惧刑罚。君主高贵那么（他的）命令就能施行，官员清明那么（政事）就有常规，法律制度明了那么民众就会畏惧刑罚。法律制度不明了却要求民众践行法令，是不能得到的。民众不遵从法令却想要君主高贵，即使有尧、舜那样的智慧，也不能做到。

注释

1 **义：**名分。

2 **五官：**古代分别掌管五种事务的官职，说法不一，其中一种指司徒、司马、司空、司寇、司士。

3 **度量：**度，量长短的标准或器具。量，测量物体数量的器具。这里“度”“量”都引申为标准。

4 **五官分而无常则乱：**“无”字前疑脱“事”字，应为“五官分而事无常则乱”，与前句例相同。常，规律，常规。

5 **私善：**犹私惠，不以法为标准而实行的恩惠。

6 **治：**做，干。

原文

明主之治天下也，缘[1]法而治，按功而赏。凡民之所疾战不避死者，以求爵禄也。明君之治国也，士有斩首捕虏之功，必其爵足荣也，禄足食也。农不离廛[2]者，足以养二亲，治军事，故军士死节[3]而农民不偷也。

译文

英明的君主统治天下时，遵循法制来治理，按照功劳来奖赏。一般民众竭力作战、不逃避死亡，是为了谋求爵位和俸禄。英明的君主治理国家，战士有斩获敌人首级、捕获俘虏的功劳，一定要使他们的爵位足够荣耀，俸禄足够食用。农民不离开田地，也足够养活父母，供给军旅之事，所以军队战士才能为法度赴死，农民也不怠惰。

注释

1 **缘：**遵循。

2 **廛：**古代一个成年男子所耕的土地，为一百亩。

3 **节：**法度。

原文

今世君不然，释法而以知，背功而以誉，故军士不战而农民流徙[1]。臣闻道[2]民之门，在上所先[3]。故民可令农战，可令游宦，可令学问，在上所与[4]。上以功劳与

译文

当今的君主却不是这样，舍弃法制却依靠聪明，背弃功劳却依靠名誉，所以军队的战士不愿作战，农民到处迁徙。我听说治理民众的关键，在于君主的引导。所以民众可以使其务农作战，可以使其游走求官，可以使其研究学问，这在于君主的选举因何而行。君主凭借功劳来选举，那么民众就作战；君主

则民战，上以《诗》《书》与则民学问。民之于利也若水于下也，四旁无择也。民徒[5]可以得利而为之者，上所与也。瞋目扼腕[6]而语勇者得，垂衣裳[7]而谈说者得，迟日旷久积劳私门者得[8]，尊向三者，无功而皆可以得。民去农战而为之，或谈议而索之，或事便辟[9]而请之，或以勇争之，故农战之民日寡而游食者愈众，则国乱而地削，兵弱而主卑。此其所以然者，释法制而任名誉也。故明主慎法制，言不中法者不听也，行不中法者不高也，事不中法者不为也。言中法，则辩之；行中法，则高之；事中法，则为之。故国治而地广，兵强而主尊。此治之至也。人君者不可不察也。

凭借《诗》《书》来选举，那么民众就研究学问。民众对于利益的追逐，就好像水向下流一样，是没有东、西、南、北四个方向的选择的。民众不干事却能够获得利益，这是君主所给予的。瞪大眼睛、握住手腕来谈说勇敢的人得利，垂拱无为、高谈阔论的人得利，旷日持久地依附权贵的人得利，（如果）尊崇了这三种人，那么没有功劳也都可以获得利益。民众抛弃务农和作战而去干这些事，或者靠空谈议论来索求（利益），或者靠侍奉君主所宠爱的人来索求（利益），或者凭借勇敢争夺（利益），所以务农和作战的民众日益减少而游走求食的人却越来越多，那么国家就会混乱且土地被割削，兵力虚弱且君主卑微。之所以会有这种情况，是因为（君主）舍弃了法律和制度却相信名声和荣誉。所以英明的君主重视法律和制度，言论不符合法制的就不听从，行为不符合法制的就不推崇，事情不符合法制的就不去做。言论符合法制，那么就辩说；行为符合法制，那么就推崇；事情符合法制，那么就做好。因此国家太平且土地辽阔，兵力强大且君主尊贵。这是统治的最高境界啊。当君主的人不能不明白啊！

注释

1 **徒：**当作“徙”。

2 **道**(dǎo)**:**治理。

3 **先:**引导,启导。

4 **与:**通"举",推举,选拔。

5 **徒:**空着,露着。这里指不做事、没有功劳。

6 **瞋目扼**(è)**腕:**瞋,瞪大眼睛。扼,握住,掐住。

7 **垂衣裳:**用以称颂帝王无为而治。

8 **迟日旷久积劳私门者得:**迟,久的意思。旷,远的意思。私,个人的,自己的。门,家族。

9 **便辟:**善于阿谀奉承而得到君主宠爱的人。便,口才敏捷。辟,通"嬖(bì)",逢迎,邀宠。

禁使第二十四

导读

禁使,取本篇第一句话中的两个字为题,意思是制止和任用。君主制止和任用臣民的手段是奖赏和刑罚,作者认为要做到这一点,必须借助权力和法制,这也是治国之道。文章首先从正反两个角度论述了权力和法制的重要性,然后又指出国君不能采取道家的消极方式治国,而应及时积极地了解各地情况,掌握最新情况,做出正确裁决。同时,作者认为,君主不能依靠过多的官吏,因为官吏人数虽多,却因为利益相同,会互相包庇,侵害君主的权益,所以君主的另一个治国之道就是根据被统治者利害的不同使其相互督查,达到治理国家的目的。

原文

人主之所以禁使者，赏罚也。赏随功，罚随罪。故论功察罪不可不审[1]也。夫赏高罚下而上无必知其道也，与无道同也。凡知道者，势数[2]也。故先王不恃其强而恃其势，不恃其信而恃其数。今夫飞蓬遇飘风而行千里，乘风之势也；探渊者知千仞之深[3]，县[4]绳之数也。故托其势者虽远必至，守其数者虽深必得。今夫幽夜，山陵之大而离娄不见；清朝日鼂[5]，则上别飞鸟，下察秋豪。故目之见也，托日之势也。得势之至[6]，不参官而洁[7]，陈数而物当[8]。今恃多官众吏，官立丞、监[9]。夫置丞立监者，且以禁人之为利也，而丞监亦欲为利，则何以相禁？故恃丞监而治者，仅存之治也。通数者

译文

君主用来制止和任用（臣民）的方法是奖赏和刑罚。奖赏跟随功劳而来，刑罚跟随罪行而来。所以评定功劳、细究罪行不能不谨慎。奖赏有功的人、惩罚有罪的人，但君主未必一定知道其中的道理，这与没有治国之道是相同的。凡是知道治国之道的人，都懂得权力和法制的作用。所以以前的君王不凭借自己的强大却仗恃自己的权力，不仗恃自己的信用却凭借法制。如今飞蓬碰上旋风就能飞行千里，是凭借了风的力量；探测深水池的人能知道千仞的深度，是用了悬绳（测量）的方法。所以依靠了风的力量，即使遥远也一定能到达；掌握了悬绳（测量）的方法，即使很深也一定能测量到。如今在昏暗的夜晚，山陵那么大，而视力好的离娄却看不见；在清晨阳光明亮时，（离娄）向上看能识别飞鸟，向下看能看清鸟兽在秋天新长出来的毫毛。所以眼睛之所以能看见，是依靠了太阳的力量。掌握了权力的君主，不多设官吏（相互监察），官吏都能廉洁；施行法制，事物都能恰当。如今（君主）依仗众多的官吏，官府中设置丞、监这样的官。设置丞、监的人，是要用（他们）来禁止他人谋求私利，然而丞、监自己也想谋求私利，那么怎么用（他们）来禁止（别人）？所以依仗丞、监来统治，只是勉强存在的治理状态。通晓法制

不然也，别[10]其势，难[11]其道。故曰：其势难匿者，虽跖不为非焉。或先王贵势。

的人不是这样，分散其权力，拒斥其谋私利之路径。所以说：权势也难以隐瞒（罪行）的（国家），即使是盗跖也不做坏事了。这也是古代帝王重视权力的原因。

注释

1 **审**：谨慎。
2 **数**：法，法制。
3 **深**：从水面到水底的距离大。
4 **县**：通“悬”，垂的意思。
5 **黼**（tuān）：明亮的意思。
6 **至**：当为“主”。
7 **洁**：廉洁。
8 **陈数而物当**：陈，施行。数，方法。当，恰当，合适。
9 **丞、监**：秦国官名，负责监督的官吏。
10 **别**：分开。
11 **难**（nàn）：拒斥。

原文

或曰：“人主执虚后以应[1]，则物应稽验[2]，稽验则奸得。”臣以为不然。夫吏专制[3]决事于千里之外，十二月而计书[4]以定事，以一岁别计而主以一听见所疑[5]焉，不可，

译文

有人说：“君主持虚心、处后的态度来应对（事物），那么事物就会得到应验、核查和验证，核查和验证了那么就会得知奸邪之事。”我认为这不对。官吏在千里之外（的地方）独立行事、裁决政务，每年十二月将大小事务汇总登记在文书簿册上，每年分别登记汇报一次，而君主依靠每一次的（汇报）来定夺，（这样）不可以，（因为）决断的物证不足。事物到达（眼前），那么眼睛就不能够不看见；言语迫近（耳边），那么耳朵就

蔽员不足[6]。夫物至则目不得不见，言薄[7]则耳不得不闻。故物至则变[8]，言至则论。故治国之制，民不得避罪如目不能以所见遁心。

不能够不听见。事物到了（眼前）就会辨别，言语到了（耳边）就能论定。所以安定的国家的法度，民众不能逃避罪责，好像眼睛不能使所看见的东西逃过心灵的分辨一样。

注释

1 **人主执虚后以应**：虚、后是道家学说中的两个术语。虚，指心中没有主观成见。后，后面，即老子所说的"不敢为天下先"。

2 **物应稽验**：应，应验。稽，查考，查核。验，验证，检查。

3 **专制**：独立行事。

4 **计书**：各地向国君呈报的文书，记载全年的人口、垦田、钱粮等出入之数的簿册。

5 **疑**：通"凝"，安定，引申为定夺。

6 **蔽员不足**：蔽，决断。员，物的数量。

7 **薄**：迫近。

8 **变**：通"辨"，辨别，分辨。

原文

今乱国不然，恃多官众吏。吏虽众，同体一也。夫同体一者相不可。[1]且夫利异而害不同者，先王所以为保[2]也。故至治，夫妻交友不能相为弃[3]恶盖非而不害于亲，民人不能相为隐。上与吏也，事合

译文

如今，混乱的国家却不是这样，它们只依仗众多的官吏。官吏虽然众多，（他们）却是利益一体的。利益一体的人是不能相互监督的。至于利害不同的人，是古代帝王建立担保的（根据）。因此，最好的统治是，夫妻之间、朋友之间都不能相互隐藏、掩盖罪恶，不伤害亲情，人与人之间不能相互隐瞒（过错）。君主与官吏事业是一致的，利益却是不同的。使养马的人和养鸟兽的人相互

而利异者也。今夫驺虞[4]以相监，不可，事合而利异[5]者也。若使马马能焉[6]，则驺虞无所逃其恶矣，利异也。利合而恶同者，父不能以问子，君不能以问臣。吏之与吏，利合而恶同也。夫事合而利异者，先王之所以为端[7]也。民之蔽主而不害于盖[8]，贤者不能益，不肖者不能损。故遗贤去知，治之数也。

监督，不可以，（因为）事业一致且利益相同。如果使马能够说话，那么养马的人和养鸟兽的人就无法逃避自己的罪责了，（因为马与养马和鸟兽的人）利益是不同的。利益一致且罪责相同的，父亲不能因此责问儿子，君主不能因此责问大臣。官吏与官吏之间是利益一致且罪责相同的。事业一致而利益却不同，是古代帝王用来端正（他人的依据）。民众蒙蔽君主而不被妨碍，贤能的人不能增加，不贤能的人不能减少。所以抛弃贤能、除去智慧，是统治之法啊。

注释

1 **夫同体一者相不可**：此处采取孙诒让先生之说，增“事”和“监”字，即为“夫事同体一者相监不可”。

2 **保**：担保。这里指相互担保，以此达到相互监督的目的。

3 **弃**：疑当作“弆(jǔ)”，藏的意思。

4 **驺虞**(zōuyú)：驺，古代养马的官。虞，古代养鸟兽的官。这里指养马和鸟兽的人。

5 **异**：当作“同”。

6 **马马能焉**：据范钦本，当作“马焉能言”。

7 **端**：正，直。

8 **盖**：掩蔽。

慎法第二十五

导读

本篇主旨乃是论述治国的方略在于法度，而不是推举贤能，任用仁义、巧言之徒。在文章开篇，作者就批判一般国君的治国方法只能使国家混乱，根本达不到善治的结果，这个使国家混乱的方法就是推举贤能。接着文章指出结党、巧言之人对国家政治会造成危害，明确提出明君治国的正确方略乃是法度。另一方面，作者认为，使国家真正强大、君主尊贵的关键是国力，而国力来自于农耕和作战。所以舍弃耕战、任用贤能的后果是严重的。

原文

凡世莫不以其所以乱者治，故小治而小乱，大治而大乱。人主莫能世治其民，世无不乱之国。奚谓以其所以乱者治？夫举贤能，世之所治也，而治之所以乱。世之所谓贤者，言正也；所以

译文

一般国君无不用使（国家）混乱的方法来治理（国家），所以规模小的治理，（国家）就小乱；规模大的治理，（国家）就大乱。君主不能世代治理好自己的百姓，世上没有不乱的国家。什么叫作用使（国家）混乱的方法来治理（国家）？推举贤能的人，是君主们治理国家的方法，然而这样治理却使（国家）混乱。世人所说的贤能的人，是（由人们的）言论证明的；所认为良善的人，是（由他们的）党羽证明的。听信他们的言论，就认为贤能；询问他们的党羽，就认同是这

为善正也，党也。[1]听其言也，则以为能；问其党，以为然；故贵之不待其有功[2]，诛之不待其有罪也；此其势正使污吏有资[3]而成其奸险，小人有资而施其巧诈。初借吏民奸诈之本，而求端悫[4]其末，禹[5]不能以使十人之众，庸君安能以御一国之民？

样。所以（国君）给与他们高官厚禄，不因为他们有功；惩罚他们，不因为他们有罪行。这样的情况，正好使贪官污吏有了凭借去成全他们奸诈阴险的行为，奸佞小人有了凭借去实行他们奸巧诡诈的伎俩。开始时给了民众奸诈的根本，最后却谋求他们端正、谨敬，大禹也不能用（这种方法）来支配十个人，平庸的君主又怎能用（这种方法）来统治一个国家的百姓呢？

注释

1 **正**(zhèng)：通“证”，见证，证明。 **所以为善正也，党也：**此句当为“所以为善也，党正也”。“党正”与前句“言正”文相对，且根据后句“听其言也，则以为能；问其党，以为然”，可知乃以言、党为依据判断人是否贤能、良善。

2 **贵之不待其有功：**贵，指高官厚禄，这里用作动词。待，依靠，依赖。

3 **资：**凭借。

4 **悫**(què)：谨敬。

5 **禹：**传说中夏后氏部落的首领。奉舜的命令治理洪水，采取疏通的办法获得成功，成为舜的继承人，成为部落首领。

原文

彼而党与人者[1]，不待我[2]而有成事者也。上举一与民，民倍[3]主位而向私交。民倍主位而向私交，则君弱而臣

译文

那些与人亲附比周而求仕的人，是不依靠君主就能办成事情的人。君主推荐结党的人中的一个，那么民众就会背离君主而倾向私自结交。民众背离君主而倾向私自结交，那么君主就会弱小而大臣就会强势。君

强。君人者不察也，非侵[4]于诸侯，必劫[5]于百姓。彼言说之势，愚知同学[6]之；士[7]学于言说之人，则民释实事而诵虚词。民释实事而诵虚词，则力少而非[8]多。君人者不察也，以战，必损其将；以守，必卖其城。

主（如果）不看清（这点），不是被诸侯所欺凌，就一定会被百姓所胁迫。那些人以巧言辩说（获得）权势，使愚昧的人和聪明的人都去模仿；做官的人向巧言辩说的人模仿，那么民众也会舍弃做实事而去争诵空虚的言词。民众舍弃做实事而去争诵空虚的言词，那么力量就会减少且奸诈增多。君主（如果）不看清（这点），用（他们）去作战，就一定会损兵折将；用（他们）守卫，就一定会出卖自己的城池。

注释

1 **彼而党与人者**：彼，这里指求仕者。党与，指亲附比周的意思。人，这里指所附之人。

2 **我**：指君主。

3 **倍**：通“背”，背离，违背。

4 **侵**：冒犯，欺凌。

5 **劫**：胁迫。

6 **学**：模仿。

7 **士**：通“仕”，做官。这里指做官的人。

8 **非**：犹“奸”，奸诈、奸巧的意思。

原文

故有明主忠臣产于今世而散领[1]其国者，不可以须臾忘于法。破胜党任[2]，节[3]去言谈，任法而治矣。使吏非法无

译文

所以（如果）有明君、忠臣生于现在且要治理他们的国家，就不能片刻忘记法度。克制党羽和奸佞，除去巧言空谈，听凭法度来治理。使官吏没有法制就无法凭借，即使再诈伪也不能做邪恶之事。使民众没有打仗

以守，则虽巧不得为奸。使民非战无以效其能，则虽险不得为诈。夫以法相治，以数相举者不能相益[4]，訾言[5]者不能相损；民见相訾无益，相管附恶[6]。见訾言无损，习[7]相憎不相害也。夫爱人者不阿，憎人者不害，爱恶各以其正，治之至也。臣故曰：法任而国治矣。

就无法显现自己的才能，那么即使阴险也不能做欺骗之事。用法度来统治，依法制来相互推荐，赞誉者不能相互得到好处，诋毁者不能相互损害；民众看见相互赞誉没有好处，就会相互亲爱而不相互徇私。（民众）看见诋毁的言论没有损害（他人），就习惯于相互憎恨而不相互伤害。喜爱他人的人不偏私他人，憎恨他人的人不伤害（他人），喜爱和厌恶都依据国家的（法制）规范，这是统治的最高境界啊。所以我说：运用法制，国家就太平。

注释

1 **散领：**散，当为“欲”。领，治理。

2 **任：**通“壬(rén)”，奸佞。

3 **节：**删除。

4 **以数相举者不能相益：**“举”下疑脱“誉”字，此句当为“以数相举，誉者不能相益”。

5 **訾言：**訾，诋毁。言，衍文。

6 **相管附恶：**采用王时润、蒋礼鸿两位先生的观点，“相管附恶”义不可通，当作“习相爱不相阿(ē)”，与下句“习相憎不相害”相对。

7 **习：**经常。

原文

千乘能以守者自存也，万乘能以战者自完[1]也。虽桀为主，不肯诎半辞以下其敌。[2]外不

译文

拥有千辆兵车能够用来守卫的国家是能自我保存的，拥有万辆兵车能够用来作战的国家是能自我巩固的。即使是夏桀为君王，也不肯向他的敌人说半句屈服的话。（如

能战，内不能守，虽尧为主，不能以不臣谐所谓不若之国。[3] 自此观之，国之所以重，主之所以尊者，力也。于此二者力本[4]，而世主莫能致力者，何也？使民之所苦者无[5]耕，危者无战。二者，孝子难以为其亲，忠臣难以为其君。今欲驱其众民，与之孝子忠臣之所难，臣以为非劫以刑而驱以赏[6]莫可。而今夫世俗治者莫不释法度而任辩慧，后功力而进仁义[7]，民故不务耕战。彼民不归其力于耕，即食屈[8]于内；不归其节于战，则兵弱于外。入而食屈于内，出而兵弱于外，虽有地万里，带甲百万，与独立平原一贯[9]也。

果一个国家）对外不能作战，对内不能守卫，即使是尧为君王，也不能不向不如自己的国家讲和称臣。这样看来，国家之所以贵重，君主之所以尊贵，只是因为威力。国家贵重、君主尊贵立足于威力，然而世上的君主却不能达到这种威力，是什么原因呢？使民众感到劳苦的事莫过于耕种，（感到）危险的事莫过于打仗。辛苦种田和冒险打仗这两件事，就是孝子为了他的父母也难以做到，忠臣为了他的君主也难以做到。现在（君主）想要驱使自己的民众，让孝子和忠臣做难以做到的事，我认为非用刑罚胁迫、用奖赏驱使不可。然而当今世上的统治者没有不舍弃法律和制度却听凭巧言和聪明的，摒弃功劳和武力却推重仁义，所以民众不致力于耕种和作战。他们的民众不把自己的力量集中到耕种上，对内粮食就会用完；不把自己的气节集中到作战上，对外用兵就会弱小。国内粮食缺乏，对外兵力弱小，那么即使（君主）拥有土地万里、身披铠甲的将士百万，也与独自站在平原上一样。

注释

1 **完：**巩固。

2 **诎(qū)半辞以下其敌：**诎，屈服。下，谦让，谦恭。

3 **谐所谓不若之国：**谐，协商，商定。若，善，善良。

4 **于此二者力本**：疑当作“此二者本于力”。

5 **无**：犹言“莫若”。

6 **非劫以刑而驱以赏**：劫，胁迫。驱，驱使。

7 **后功力而进仁义**：后，摒弃。进，引荐，推重。

8 **屈**(jué)：竭，尽。

9 **贯**：事也。

原文

且先王能令其民蹈白刃，被[1]矢石，其民之欲为之，非如[2]学之，所以避害。故吾教令民之欲利者非耕不得，避害者非战不免，境内之民莫不先务耕战而后得其所乐。故地少粟多，民少兵强。能行二者于境内，则霸王之道毕[3]矣。

译文

古代帝王能使他的民众脚踩锋利的刀口，身受飞来的乱箭、石块，他们的民众愿意这样做，不是他们喜好这样，是为了避免灾难。所以我们的教令是：民众想要获得利益，不耕种就得不到；想要避免灾难，不作战就不能免除，国内的民众没有不首先致力于耕种和作战，然后才获得他们所喜乐的东西。因此土地少粮食却多，民众少兵力却强。能在国内施行这两点，那么成就霸王之业的理想就会实现。

注释

1 **被**(bèi)：承受，遭受。

2 **如**：疑当作“好”，喜好的意思。

3 **毕**：尽，结束。这里引申为实现。

定分第二十六

导读

本篇围绕秦孝公提出的问题而展开论述，即法令制定后，如何使官吏和民众都知道并遵从且不偏私呢？商鞅明确指出应从制定法令、设置官吏两方面着手。第一是设置官吏使他们主持法令。第二，要保证法令的严肃性，应实行以下几条具体措施，如不得随意删改、增减法令条文中的文字；法令需置副本，一份置于天子的宫殿中，一份藏于禁室内。第三，设置法官、法吏，此举既可使天下人皆知法令，又能使官民相互监督而不触犯法令。第四，法令一定要明确，要认识到法令在国家治理中的重要作用。最后，实行“以法为教，以吏为师”，这是天下人知法、守法的根本，可使天下大治。

原文

公问于公孙鞅曰：“法令以当时立之者，明旦欲使天下之吏民皆明知，而用之如一而无私[1]，奈何？”

公孙鞅曰：为法令，置官吏，朴足以知法令之谓者[2]，以为天下正[3]，则奏天子。天子则各主法令之。皆降[4]，受命发官[5]。各主法令之民，敢忘行主法令之所

译文

秦孝公问公孙鞅说：“法令在今天设立，明天早晨就想要使天下的官吏和民众都明确了解，并且一致遵从它又没有偏私，应该怎么办？”

公孙鞅说：制定法令，设置官吏，将朴实厚重足以主持法令条文的人，作为天下的标准，引荐给天子。天子分别（使他们）主持法令。（他们）都悦服，受命赴任。各个主管法令的人，（如果）胆敢忘记执行（他所）主管的法令所说的内

谓之名，各以其忘之法令名罪之。主法令之吏有迁徒物故[6]，辄[7]使学读法令所谓，为之程式[8]，使日数而知法令之所谓；不中程，为法令以罪之。有敢剟[9]定法令一字以上，罪死不赦。诸官吏及民有问法令之所谓也于主法令之吏，皆各以其故所欲问之法令明告之，各为尺六寸之符，明书年、月、日、时，所问法令之名以告吏民。主法令之吏不告及之罪而法令之所谓也，皆以吏民之所问法令之罪各罪主法令之吏。即以左券予吏[10]之问法令者，主法令之吏谨藏其右券，木押[11]以室藏之，封以法令之长印。即后有物故，以券书从事。

容，就各自按照他所忘记的法令条文来惩处他。主管法令的官吏有迁徙或死亡，立刻就派遣人学习和诵读法令的内容，制定准则，使他每日来了解法令的内容；不合乎准则，就用法令来惩处他。有胆敢删改法令、增减一个字以上的，就惩处死刑，绝不赦免。官吏和民众有向主持法令的官吏询问法令内容的，都要分别按照他们原来所要询问的法令明白地告诉他们，制作一尺六寸的信符，明白地书写上年、月、日、时，以及所要询问的法令的名称来告诉官吏和民众。主持法令的官吏（如果）不告诉，等到（官吏和民众）犯罪却是（他们所询问的）法令内容，那就用官吏和民众所询问的法令的罪名来惩处主持法令的官吏。把符信的左券给询问法令的官吏和民众，主持法令的官吏谨慎地收藏好符信的右券，用木匣藏在内室，用法令的印章封上。如果将来（主持法令的官吏）死亡，也依照符券上所写的来办事。

注释

1 **用之如一而无私**：用，遵从，服从。如，连词，而且，又。私，偏私。

2 **朴足以知法令之谓者**：朴，质朴。知，主持，掌管。

3 **正**：规范，标准。

4 **降**(xiáng)：悦服。

5 **发官:**遣送官员,即赴任的意思。发,遣也,往也。

6 **迁徙物故:**徙,当作“徙”。物故,死亡的意思。

7 **辄:**立刻。

8 **程式:**程,标准。式,准则,规范。

9 **剟(duō):**删改,删削。

11 **以左券予吏:**券,又称“契”,即指上文的“符”。古代符契一般是将右券收藏于制作券契的一方,即制作法令、放债的人,左券收藏于受令、借债的人。“吏”字后当有“民”字,即应为“以左券予吏民”。

11 **押:**当做“柙”。

原文

法令皆副置,一副天子之殿中。为法令为禁室,有铤钥[1]为禁而以封之。内藏法令,一副禁室中,封以禁印。有擅发禁室印,及入禁室视禁法令,及禁剟一字以上,罪皆死不赦。一岁受[2]法令以禁令。天子置三法官:殿中置一法官,御史置一法官及吏,丞相置一法官。诸侯郡县皆各为置一法官及吏,皆此[3]秦一法官。郡县诸侯一受宝[4]来之法令,学问并所谓[5]。吏民知法令者[6],皆问法官。故天下之吏民

译文

法令都置副本,一份(副本)放在天子的宫殿中。给法令设置禁室,有门锁钥匙来控制且不能随意打开。一份法令副本藏于禁室中,用禁印封上。有擅自揭开禁室封印,以及进入禁室偷看法令,对禁令删改一字以上的,都惩处死刑,绝不赦免。每年依据禁令来颁授法令。天子设置三个法官:宫殿中设置一个法官,御史设置一个法官和法吏,丞相设置一个法官。诸侯国、郡、县都分别设置一个法官和法吏,都服从朝廷的法官。郡、县、诸侯都接受(朝廷)送来的法令,学习并探讨法令的内容。官吏和民众想要知道法令,便问法官。所以天下的官吏和民众没有不知道法令的人。官吏明确知道民众知晓法令,所以官吏就不敢违背法制来对待民众,民众也不敢触犯法制来冒犯法官。(如果)对待民

无不知法者。吏明知民知法令也，故吏不敢以非法遇民，民不敢犯法以干法官也。遇民不修法，则问法官，法官即以法之罪告之，民即以法官之言正告之吏。吏知其如此，故吏不敢以非法遇民，民又不敢犯法。如此，天下之吏民虽有贤良辩慧，不能开一言以枉法。虽有千金，不能以用一铢[7]。故知诈贤能者皆作而为善，皆务自治奉公。

众不实行法制，那么便责问法官，法官就会把法令的罪名告诉他们，民众就用法官的说法来证明且控告官吏。官吏了解这样的情况，所以不敢违背法制来对待民众，民众也不敢触犯法制。这样，天下的官吏和民众即使贤能、善良、巧辩、聪慧，也不能开口说一句话来歪曲法令。即使有千金，也不能用一铢钱(行贿犯法)。所以聪明、奸诈、贤能的人都去做好事，都致力于自我治理、奉公守法。

注释

1 **铤钥:**铤，门锁。钥，钥匙。

2 **受:**通“授”，颁授。

3 **此:**疑当作“比”，从，顺从。这里是服从、听从的意思。

4 **宝:**疑当作“赍(jī)”，送的意思。

5 **学问并所谓:**此句中的“并”或应置于“学”与“问”之间，即“学并问所谓”。

6 **吏民知法令者:**“知”字前疑当增“欲”字，即“吏民欲知法令者”。

7 **铢:**古代重量单位，二十四铢为一两。

原文

民愚则易治也，此所生于法令明白易知而必行。法令者，民之命也，为治之本也，所以备民也。为治而去法令，犹欲无饥

译文

民众愚昧就容易统治，这是从法令明白易懂且必能施行中产生的。法令，是民众的生命，是统治的根本，是用来防备民众的。治理(国家)却去除法令，犹如想要不饥饿却舍弃食物，想要不寒冷却

而去食也,欲无寒而去衣也,欲东西行也[1],其不幾[2]亦明矣。一兔走,百人逐之,非以兔也[3]。夫卖者满市而盗不敢取[4],由名分已定也。故名分未定,尧、舜、禹、汤且皆如鹜焉而逐之;名分已定,贫[5]盗不取。今法令不明,其名不定,天下之人得议[6]之,其议人异而无定。人主为法于上,下民议之于下,是法令不定,以下为上也。此所谓名分之不定也。夫名分不定,尧、舜犹将皆折而奸之[7],而况众人乎?此令奸恶大起,人主夺威势亡国灭社稷之道也。今先圣人为书传之后世,必师受之[8],乃知所谓之名。不师受之,而人以其心意议之,至死不能知其名与其意。故圣人必为法令置官也,置吏也,为天下师,所以定名分也。名分定,则大诈贞信,民皆愿悫[9],而名自治也。夫名分定,势治之道也;

舍弃衣服,想要向东行却向西走一样,这是没有希望的,也是很明白的。一只兔子奔跑,一百个人追赶它,不是因为这只兔子可以分为一百份,而是由于它属于谁还没有确定。卖兔子的人布满市场,盗贼却不敢夺取,是因为(兔子的)归属已经确定。所以归属没有确定,尧、舜、禹、汤(那样的君主)都会去追逐;归属已经确定,贪婪的盗贼也不敢夺取。如今法令不明确,名分不确定,天下的人就能够非议,这些非议人人不同就无法确定。君主在上面制定法令,臣民在下面非议法令,这是法令不确定,把臣民当作君主了。这就是所说的名分不确定。名分不确定,尧、舜同样会不走正道且触犯(法制),更何况是一般人呢?这是使邪恶盛行,君主被夺去威势、亡国、灭亡社稷的道路啊。从前的圣人著书传到后代,必须由老师传授,才懂得(书中)所说的内容和名称。不由老师传授,而是人们凭借自己的想法来讨论,到死也不能懂得书中的名称和意义。所以圣人一定要给法令设置官职,设置官吏,做天下人的老师,这是确定名分啊。名分确定,那么大骗子也会忠诚、守信,大盗也会谨慎、诚实,且分别能自我治理。名分确定,是掌管权势的方法;名分不确定,是败坏权势

名分不定，势乱之道也。故势治者不可乱，世[10]乱者不可治。夫世乱而治之，愈乱；势治而治之，则治。故圣王治治不治乱。

的方法。所以掌管权势的（国家）不再混乱，败坏权势的（国家）不再太平。权势被败坏了再去治理，（国家）会更混乱；掌管了权势再去治理，（国家）就太平。所以圣明的君王在掌管（权势）时治理（国家），而不在（权势）败坏时治理（国家）。

注释

1 **欲东西行也**："东"字后当有"而"字，即此句为"欲东而西行也"。

2 **幾**：通"冀"，希望的意思。

3 **非以兔也**：据《群书治要》卷三十六引文，在"兔"字后补"为可分以为百，由名分之未定"，即这句当为"非以兔为可分以为百，由名分之未定也"。

4 **夫卖者满市而盗不敢取**："卖"字后据《群书治要》补"兔"字，即"夫卖兔者满市而盗不敢取"。

5 **贫**：据《群书治要》作"贪"。

6 **得议**：得，能够。议，非议。

7 **犹将皆折而奸（gān）之**：犹，同样，一样。将，副词，必定。折，曲，弯，这里引申为不走正道。奸，通"干"，侵犯、触犯的意思。

8 **必师受之**：师，老师。受，通"授"，传授，授予。

9 **民皆愿悫**：据《群书治要》"民皆"乃作"巨盗"，即应为"巨盗愿悫"。愿，谨慎。悫，诚实。

10 **世**：此"世"字与下文中的"世"字皆当作"势"。

原文

夫微妙意志之言，上知[1]之所难也。夫不待法令绳墨[2]而无不正者，千万之一也。故圣人以

译文

微妙深奥的言论，即使是上等智慧的人也不容易（理解）。不依靠法令规矩而（行为）正确的，千万人中只有一个。所以圣人根据千万人（的情况）来治理天下。聪明的

千万治天下。故夫知者而后[3]能知之，不可以为法，民不尽知；贤者而后知之，不可以为法，民不尽贤。故圣人为法，必使之明白易知，名正[4]，愚知遍[5]能知之。为置法官，置主法之吏以为天下师，令万民无陷于险危。故圣人立天下而无刑死者[6]，非不刑杀也，行法令明白易知，为置法官吏为之师以道之知[7]，万民皆知所避就[8]，避祸就福而皆以自治也。故明主因治而终治之，故天下大治也。

人（理解了）而（别人）将来才理解的，不可以作为法令，（因为）民众不都是聪明的；贤能的人（理解了）而（别人）将来才理解的，不可以作为法令，（因为）民众不都是贤能的。所以圣人制定法制，必定使法令明白易懂，愚蠢的人、聪明的人都能懂得。为法令设置法官，设置主持法令的官吏作为天下的老师，使广大百姓不陷入危险的境地。所以圣人莅临天下而天下没有受刑被杀死的人，并不是不用刑法杀人，而是（圣人）实行的法令明白易懂，将为法令设置的法官、主持法令的官吏作为老师来教导他们懂得（法令），（所以）广大百姓都知道避免死亡，避免祸害而接近福泽就都能自我治理了。所以英明的君主凭借（法制的）治理来完成治理天下（的任务），因此天下就大治了。

注释

1 **知：**通“智”。

2 **绳墨：**木工画直线用的工具，比喻准则。这里是准则、规矩的意思。

3 **后：**将来。

4 **名正：**据《群书治要》，可删去。

5 **遍：**全部。

6 **圣人立天下而无刑死者：**据《群书治要》补“天下”二字于“而”字后，即为“圣人立天下而天下无刑死者”。

7 **为置法官吏为之师以道（dǎo）之知：**据上文，当补“置主法之”于“吏”字前，即此句当是“为置法官、置主法之吏为之师以道之知”。道，教导。

8 **就：**死亡。下文“避祸就福”中的“就”是趋向、接近的意思。

图书在版编目(CIP)数据

商君书/王霞导读注译. —长沙:岳麓书社,2020.4

(古典名著普及文库)

ISBN 978-7-5538-1148-2

Ⅰ.①商…　Ⅱ.①王…　Ⅲ.①商鞅变法②《商君书》—译文③《商君书》—注释　Ⅳ.①B226.21

中国版本图书馆 CIP 数据核字(2019)第 108644 号

SHANGJUN SHU

商君书

导读注译:王　霞

责任编辑:刘书乔

责任校对:舒　舍

封面设计:罗志义

岳麓书社出版发行

地址:湖南省长沙市爱民路 47 号

直销电话:0731-88804152　0731-88885616

邮编:410006

岳麓书社网址:www.yueluhistory.com

2020 年 4 月第 1 版第 1 次印刷

开本:890mm×1240mm　1/32

印张:6

字数:168 千字

ISBN 978-7-5538-1148-2

定价:18.00 元

承印:湖南众鑫印务有限公司

如有印装质量问题,请与本社印务部联系

电话:0731-88884129